货币风暴

冉学东 魏多兰乌日塔 著

中央编译出版社

图书在版编目（CIP）数据

货币风暴 / 冉学东，魏多兰乌日塔著. -- 北京：中央编译出版社，2017.5
ISBN 978-7-5117-3293-4

Ⅰ.①货… Ⅱ.①冉…②魏… Ⅲ.①人民币汇率－研究 Ⅳ.①F832.63

中国版本图书馆CIP数据核字(2017)第050745号

货币风暴

出 版 人：	葛海彦
出版统筹：	贾宇琰
责任编辑：	邓永标
执行编辑：	舒　心
责任印制：	尹　珺
出版发行：	中央编译出版社
地　　址：	北京西城区车公庄大街乙5号鸿儒大厦B座（100044）
电　　话：	（010）52612345（总编室）　（010）52612371（编辑室）
	（010）52612316（发行部）　（010）52612317（网络销售）
	（010）52612346（馆配部）　（010）66509618（读者服务部）
传　　真：	（010）66515838
经　　销：	全国新华书店
印　　刷：	北京东君印刷有限公司
开　　本：	710毫米×1000毫米　1/16
字　　数：	194千字
印　　张：	17
版　　次：	2017年5月第一版第一次印刷
定　　价：	48.00元

网　　址：	www.cctphome.com　　邮　箱：cctp@cctphome.com
新浪微博：	@中央编译出版社　　微　信：中央编译出版社（ID：cctphome）
淘宝店铺：	中央编译出版社直销店（http://shop108367160.taobao.com）（010）55626985

凡有印装质量问题，本社负责调换，电话：010-55626985

前言
人民币的真相

2015年12月16日,美联储加息的扳机一扣响,耶伦用她那一如既往的温柔,呼唤美元回家,国际资本的流向顿时逆转,资本呼啸而逃,新兴市场的"货币风暴"旋即上演。

当日,阿根廷政府宣布取消资本管制,允许汇率自由浮动,比索随即创下单日41%最大跌幅,最终收盘下跌29%。2015年12月21日,阿塞拜疆又向外汇市场扔出了一颗"炸弹"——取消汇率管制,致使该国货币汇率狂跌47.6%。2016年3月15日,埃及宣布埃及镑脱钩美元,当日埃及镑暴跌19%。而此前俄罗斯、哈萨克斯坦均宣布实施自由浮动汇率,两国货币均大幅贬值。

而对于一个东方大国的货币——人民币,2015年却是一个非常特殊的年份,人民币在这一年的最后一个月迈出了两大步。

2015年12月1日,国际货币基金组织(IMF)宣布将人民币纳入国际货币基金组织特别提款权货币篮子(SDR),这首先是国际社会对人民币的信任,这个意义怎么诠释都不为过。

而2015年12月11日,中国外汇交易中心发布了人民币汇率指数(CFETS),向市场传递"未来央行将会在更大程度上

货币风暴

追求人民币汇率对'一篮子'货币的有效汇率基本稳定"的信号。这意味着从1994年时任国务院总理的朱镕基实行汇率并轨以来,盯住美元的汇率制度安排告一段落,人民币开始告别美元走上独立之路。

央行这样做也许是在尝试,也许是为了保存外汇储备。因为随着美元进入加息通道,未来将加息多次,美元的升值将会持续,而如果人民币一直盯住美元,则上涨幅度更大,过于高估,这将会对中国出口形成巨大的压力。而如果要盯住美元,必然要抛售外汇储备来稳定汇率,这也必将消耗大量外汇储备,对整体金融的安全造成极大威胁。所以尽早摆脱美元是最好的选择。

然而,2015年8月11日后的大幅贬值和2016年1月1日的大幅贬值都产生了央行没有预期到的风险。前一次大幅贬值引发新兴市场货币的抛售,后一次则引发A股的股灾,两次汇率闯关都没有成功,央行不得不选择再次盯住美元,尽管口头上说是要盯住"一篮子"货币。

中国官方的口径是,人民币没有持续贬值的基础。周小川也在表明人民币维持"一篮子"货币的同时,宣布人民币对美元的稳定,中间价的干预进一步强化,而与此同时,资本管制更加严厉。这时候,政府再一次试图以维持人民币的稳定,最终实现外汇储备的稳定,并且维持境内的房地产价格膨胀。

于是从2016年春节开始,一线城市房价再次暴涨。这是由于私人资金出不去,而人们又预期人民币还将贬值,唯有房地产能够保持其资产,这样就把房地产价格再次推上了高潮,人民币汇率这时候其实再次进入了危险状态。

汇率陷阱

十年前，北京大学宋国青教授称，"汇率是纲"。最近十年稳定的汇率政策绑架了货币政策操作，外汇占款变化严重冲击了国内宏观经济的稳定。

2005年进行第一次汇率改革，对于一个东方新兴转型经济体货币，是石破天惊的大事。但事后看来，这次改革仅仅是万里长征迈出的第一步，而且是很小的一步，因为虽然宣布要盯住"一篮子"货币，但事实上还是盯住了美元，并且对美元升值。这样的制度安排在平衡我国外贸账户的同时，也出现了越来越严重的问题。

按照"蒙代尔不可能三角"，从宏观稳定的角度来看，盯住美元的汇率制度束缚了宏观稳定管理的手脚，顾此失彼，得不偿失。其中锁定汇率波动导致基础货币被动投放，让央行失去了货币政策的独立性，这对世界第二大经济体来讲，是非常危险的。

为了把汇率稳定在既定的政策目标范围之内，货币当局不得不持续大量地购买外汇，由此带来的外汇占款远超出基础货币投放的需要。为了稳定基础货币投放，货币当局又不得不以发行央行票据、提高银行准备金率及窗口指导的方式，对冲外汇占款增加的影响。

但事实证明，这些对冲政策的效果是有限的，即便货币当局采取了多种应对措施，也还是没能避免2005—2007年间通货膨胀和资产价格的大幅上涨。中国经济体在这十年来主要依靠投资和出口，而不是在消费之间做出应有的平衡，为中国经济的发展带来难以克服的陷阱。

| 货币风暴

而且,近十年来,人民币对美元汇率不仅仅是相对稳定,而是大幅升值30%以上。这其实并不能真正稳定进口成本和出口竞争力,因为中国对外贸易的对象不仅限于美国,而是全世界。影响中国对外贸易的汇率,不是人民币对美元的双边汇率,而是人民币对诸多贸易伙伴货币价格变化的"一篮子"汇率。

事实上,汇率政策目前最大的任务不仅是推动经济持续增长,更重要的是促进经济结构调整。人民币汇率稳定在一个直线的水平,给企业一个"汇率永远稳定"的错觉,尤其是当中国企业进一步走向世界、在全球进行投资时,对货币汇率进行管理,就成为首要的任务。

热钱凶猛

2005—2014年,大部分时间内人民币面临着单边升值的压力。这种情境下没有资本流出动力,投机性资本流入动力很强,开放资本项目只会让货币当局面临更大的困难。结果就是资本项目开放进程放缓,打击热钱流入成为货币当局的一项重要任务。

热钱借助于跨境人民币贸易结算和香港人民币离岸市场,从人民币单边升值中套利更加方便,热钱流入进一步扩大。这些热钱以外汇占款的形式投放到市场上,成为基础货币,然后由商业银行通过信贷创造,成倍地扩张成M2广义货币。这不仅激发了商业银行疯狂放贷的动机,而且增加了企业的债务负担。直至目前,非金融企业的存量债务和地方政府的庞大负债已经成为中国宏观经济的负担,不能不说这与此前的汇率制度有一定的关系。

所谓的跨境套利,实质上是境内企业以跨境贸易人民币结算为伪装,从香港金融机构处借入人民币款项并汇至内地使用,以获取两地利差的财务操作。一般认为,热钱套利的机制包括利差套利、汇差套利两种模式。

利差套利就是利用内地市场与香港市场的人民币利率之差进行套利。过去几年内，由于内地的人民币存贷款利率水平显著高于香港的人民币存贷款利率水平，从而给"内保外贷"为代表的跨境套利提供了空间。近年来，香港银行对内地银行的外币（人民币）债权，由2010年的3000亿港币左右上升至2014年的近三万亿港币，成为人民币跨境套利的强有力证据之一。

而汇差套利则是利用内地市场与香港市场的人民币汇率之差进行套利。由于香港离岸市场上的人民币汇率是由市场供求自发决定的，而内地市场上的人民币汇率依然存在着一定程度的干预，是严格受到央行控制的，从而导致了香港与内地人民币即期汇率之间存在显著的差异。

在大多数时期内，由于内地存在稳定的人民币升值预期，造成香港人民币即期汇率高于内地人民币即期汇率，这就会刺激企业与居民将人民币从内地转移至香港、将美元从香港转移至内地的跨境套汇行为。这种行为也会通过人民币跨境贸易结算的伪装进行。

过去几年，香港人民币存款环比增速与人民币升值预期指数之间具有很强的相关性。这意味着，当市场上存在显著的人民币升值预期时，由于香港人民币要比内地更贵，导致居民与非居民将人民币由内地转移至香港，从而导致香港人民币存款上升，反之亦然。

人民币跨境套利与人民币跨境套汇合二为一，指的是在市场上存在持续的人民币升值预期的背景下，居民与非居民可以在香港借入美元，兑换为人民币之后，通过跨境贸易人民币结算的伪装转移至内地，在内地投资于房地产、股市或影子银行产品，借此赚取利差与汇差的双重收益。这种跨境套利交易的规模如此之大，以致多家国际金融机构均将人民币套利交易视为"本世纪以来最重大的货币套利交易"。

| 货币风暴

　　稳定的汇率，过大的顺差，导致资源过度进入贸易品部门，而非贸易品部门资源投入不足。资源过度进入出口产品和进口替代品生产，净出口增加；资源流入内地服务业部门不足，遏制了消费。热钱进入中国，不仅享受中、美两种货币的巨大利差，还享受人民币升值的汇差，另外还享受房地产和股票等资产升值的溢价。

　　这种情况如果长期存在，不仅会造成居民财富的白白流失，而且会严重影响宏观经济稳定和金融安全，这是必须予以重视的。

"8·11"大贬值

　　过去十年，我国经常项目收支都趋向基本平衡。然而在经常项目收支平衡的同时，却出现了"衰退式顺差"。

　　自1994年外汇体制改革以来，我国经常项目收支（主要是货物贸易）连年顺差，且2005年后顺差不断扩大，2007年最高达到当年国内生产总值的10.1%。2008年国际金融危机爆发后，该比例逐年回落，自2010年起降至国际认可的合理标准范围内。2014年全年，经常项目顺差2197亿美元，同比增长48%，与国内生产总值之比为2.1%，较上年回升了0.5个百分点，但仍低于国际认可的合理标准。

　　2015年一季度，随着货物贸易顺差大幅反弹，经常项目顺差激增至789亿美元，同比扩张了10.3倍，与同期国内生产总值之比为3.4%。这主要是由于国内经济下行、国际大宗商品价格下跌所导致的。

　　这种情况当然引起了社会各界的担忧。2014年，国务院总理李克强在出访非洲时就曾指出，外汇储备过多是一个负担。事

前言 人民币的战略性败局

实上从2012年开始，随着中国外贸形势的变化，外汇储备就出现了个别月的负增长。

央行的措施在2015年8月11日突然推出，从8月11日开始人民币汇率大跌三天，震动了整个国际金融市场，更让市场感到惊异的是，新兴市场货币贬值幅度更大，其中包括巴西、俄罗斯、委内瑞拉、智利、阿根廷、越南、泰国、印度尼西亚、马来西亚等国家。这次贬值在国际市场上造成的影响远远超出了大家的预料。

第四天贬值戛然而止，然后央行召开新闻发布会宣布，即日起将进一步完善人民币汇率中间价报价，自2015年8月11日起，做市商在每日银行间外汇市场开盘前，参考上日银行间外汇市场收盘汇率，综合考虑外汇供求情况以及国际主要货币汇率变化，向中国外汇交易中心提供中间价报价。

这次汇改首先表现为资金的流出，其实2015年7月外汇储备就已经出现巨额下降，当月下降达500亿美元。8月人民币汇率大跌后，外汇储备减少了900亿美元，9月外汇储备顺势下降433亿美元，10月外汇储备小幅增长114亿美元，但是到了11月，外汇储备较上月下降872亿美元，为34383亿美元，预期为34925亿美元。

为应对外汇储备的变化、资金外流的加剧，央行一面用外汇储备稳定汇率，一面引导人民币逐渐灵活化。

事实上，自2011年底起，受内外部不确定、不稳定因素的影响，人民币汇率开始呈现有涨有跌的双向波动，为进一步推动汇率改革创造了条件。

"8·11汇改"在当时引起了许多非议，许多人认为，这次贬值幅度过大，不利于宏观金融的稳定，而且正好在股灾发

| 货币风暴

生后不久,所以有人认为尽管是合理的,但是时机选择不当。

现在看来,这是央行预计12月美联储必然加息而提前在汇率政策的布局,因为此后人民币汇率波幅加大,接着人民币加入SDR,再接着人民币宣布与美元脱钩,美联储加息后,人民币就能稳坐钓鱼台,闲庭信步,而不会像其他新兴市场货币那样在慌忙之中稳不住阵脚。

入篮SDR

随着中国经济的腾飞,其经济体量已经成为世界第二,对国际经济具有前所未有的影响。而与此同时,人民币还是一个盯住美元的影子货币,这不仅不符合中国经济的地位,而且也不利于国际经济的稳定。在央行行长周小川最后的任期里,人民币国际化成为他的夙愿,而加入SDR是最具战略性的一步。

贸易和汇改如同一辆车的两个轮子,共同推动着人民币国际地位的提升,也将进一步推动跨境贸易人民币结算的普及。

大约从2009年起,中国政府开始大力推进人民币国际化。央行在推进人民币国际化的过程中,主要是在以下方面布局:如鼓励在跨境贸易与投资中使用人民币进行计价与结算。目前人民币已经成为中国在跨境贸易与投资结算领域中使用的重要货币。建立以香港为代表的人民币离岸金融市场也是最重要的环节之一;中国香港、中国台北、新加坡、伦敦等地已经发展成为重要的人民币离岸金融中心,其中尤以中国香港为最。

央行还通过与其他国家或地区央行签署双边本币互换协议的方式来满足境外人民币流动性需求,人民币已经逐渐成为全球范围内重要的储备货币。截至2015年5月底,央行已经与32个国家或地区的央行或货币当局签署了总额达3.1万亿元的双边本币互换协议。目前已有近30个国家的央行宣布将人民币纳入储备货币范畴。截至 2015 年 4 月底，境外央行持有的人民币资产余额达到 6667 亿元。同期，非居民持有的中国境内人民币资产已经达到 4.4 万亿元。

经过如此大规模的铺垫，2015 年 11 月 30 日，IMF 执董会决定将人民币纳入 SDR，SDR 货币篮子相应扩大至美元、欧元、人民币、日元、英镑 5 种货币，其权重比分别为 41.73%、30.93%、10.92%、8.33% 和 8.09%，新的 SDR 篮子将于 2016 年 10 月 1 日生效。

这次欧美，尤其是欧洲看起来是欢迎中国加入 SDR 的，IMF 总裁拉加德热情甚高。其实在人民币加入 SDR 上，不仅仅是 IMF 需要，世界各国包括欧美也需要人民币加入 SDR，因为一个货币加入 SDR 不仅仅是权利，更是一份责任。人民币这次加入 SDR 是非常主动高调的，加入 SDR 是人民币国际化战略的关键一步。有人统计，人民币的实际国际地位若达到与日元相当，境外对人民币主权债券的需求为 3000 亿美元，若与英镑相当，缺口会高达 1.9 万亿美元。俄罗斯已经表明要发行人民币债券。

作为一个庞大的经济体，作为一个政局稳定的经济体，从经济实力来看，目前除了美国，就是中国。在美元强势周期之下，可能唯有人民币能够做国际信用价值框架的次中心。

事实上，美元作为最主要的国际储备货币，此前它是扩张的，它向世界各个角落提供流动性，而目前美国向内转，其经济体内部自给自足的趋势正在加强，最明显者当属页岩油气的大规模开采。美国石油自给，建立于中东石油矿藏的石油美元体系的瓦解，再如制造业的回流，双逆差的缩小。

这时候由于人民币的庞大经济规模和体量，以及内部空间的回旋余地，人民币加入 SDR 就能起到稳定国际金融市场的作用。中国在加入 SDR 的过程中，有讨价还价，有妥协有博弈，还有一定的利益让渡。

| 货币风暴

脱钩美元

  2015年对于人民币汇率来说，是一个划时代的年份。8月人民币汇率突然贬值，改变了市场对人民币长期升值的预期。外界认为人民币正式转入贬值周期。12月央行推出CFETS人民币汇率指数，人民币正式转盯"一篮子"货币。同时，自2016年1月4日起，银行间外汇市场交易系统每日运行时间延长至北京时间23：30，并进一步引入合格境外主体。

  2015年的一系列动作最后定格在一个核心：与美元脱钩。

  按照外汇交易中心的表述，CFETS人民币汇率指数与13个货币挂钩，其中美元在"一篮子"货币中的权重为26.4%，欧元占比为21.4%，日元为14.7%。这个指数推出的当天，离岸人民币兑美元汇率跌破6.56，创四年来新低，此后人民币在离岸和在岸市场上连续十多天贬值。

  以上信息，所指向的是两个结论：一个是人民币将逐渐与美元脱钩，二个是人民币的币值将可能出现较大幅度的波动。

  先说第一个，人民币与美元脱钩，要弄清楚这个问题，首先要明白此前为什么要挂着美元。人民币的汇率改革最早的动作要追溯到1994年朱镕基总理时期的汇率并轨，当时就是实行了盯住美元的政策。盯住美元的政策有什么好处？美元是世界货币，是世界价值的中心，如果盯住美元，就意味着人民币将成为美元的影子货币，美元下跌，人民币跟跌，美元上涨，人民币跟涨。巧的是人民币盯住美元后，正好赶上美元大跌的周期，人民币跟着美元下跌，这个货币大贬值的周期正好是中国改革开放的周期。加入WTO后，中国正式进入新一轮国际化和世界产业分工的链条，这让中国真正成了世界的工厂。可以毫不夸张地说，盯住美元的汇率安排给中国的制造业腾飞插上了翅膀。

  打开美元的K线图，可以看到美元指数正是在2001年超过

120高点，然后一路下行，直到2008年跌到70。此后，美元开始反复筑底震荡，2014年6月开始了新一轮升值，中国的经济也正是在这条曲线中找到了秘密。

随着美国经济的强劲复苏，以及欧洲和日本经济的疲软，随着美联储的加息通道开启，美元的新一轮升值将不可阻挡，甚至有可能超过2004年的120点。这时候，人民币是否还能盯得住？下跌时盯住美元，有利于国内经济；而上涨时盯住美元，则将会断送制造业的前程。而如果盯住"一篮子"货币，那在目前人民币贬值压力很大的情况下，对美元必然是下跌，对欧元和日元可能是维持平稳。

不过对"一篮子"货币，在正常情况下人民币至少短期来看相对处于强势。如果经济持续下滑，货币、财政政策对经济的刺激力有不逮，则汇率政策在2016年被用作反周期政策工具的机会也不小。

人民币目前在世界价值体系中退后一步，说的是挂钩"一篮子"货币，事实上是在适当贬值后，寻找新的价值坐标，当然，目前的坐标是"一篮子"货币。

所以，此次才是真正意义上的大胆改革，是一次关键飞跃。而这次飞跃恰恰是在中国经济下行压力加大的时候，汇率的波动、资金的流出，是否会伤及房地产和股市等资产价格，这些是否能承受，这当然要从理论上明确，更重要的则是要通过实践去检验。

从更为宏观的视角来讲，人民币作为新兴市场货币跟着美元走了一程，现在长大了，要独立了，是否走得稳，事实上还得看未来经济的发展、新的经济增长点的获得。这还是一个相对漫长的过程。

这是惊险的一跃。

| 货币风暴

两次闯关失败

从2014年开始，央行已经意识到人民币相对美元有所高估，并且试图开始扩大人民币日内波动幅度，并通过阶段性贬值，释放人民币被高估的压力。

最明显的是2015年8月11日的一次大贬值和2016年开年的一次贬值。这两次贬值给经济造成的影响，超出了几乎所有人的想象。2015年8月11日那次大贬值，引发新兴市场货币更大规模的贬值潮，国际上压力很大，高层没有想到人民币已经有这么大的影响力，因此几天之后人民币贬值戛然而止。

2016年1月1日，人民币连续又是大贬值，这次则主要是对国内股票市场的影响。在人民币持续贬值的影响下，A股又连续启动千股跌停的局面，A股的持续下行，对银行股票质押融资业务等造成危机，许多股票质押融资业务逼近平仓线，A股的下跌进一步放大了银行业的风险，于是央行不得不从离岸和在岸两个市场去干预人民币汇率，以维持人民币稳定。

这是人民币两次闯关最终以失败收场。人民币失去了一次不损失外汇储备，或者较少损失外汇储备而实现弹性汇率的大好时机，也失去了通过弹性汇率顺利实现人民币国际化，并释放内部宏观经济下行压力的大好机会。

为什么这么说？因为人民币2005年开始市场化改革，其本质是应该随着中国经济突飞猛进的发展进行升值，因为那时候人民币已经积累了非常强大的升值压力，但此后人民币并没有进行相应的升值，而是选择了盯住美元的缓慢爬行。到2012年，人民币相对美元已经升值30%以上，高层这样选择的目的是维持外贸顺差，继续支持沿海出口加工产业的兴旺，但事实上经过2008年的国际金融危机，这些低端出口加工企业几乎全部在此次金融海啸中被洗劫。

为了应对这次金融危机，出台的四万亿刺激计划，将中国

前言 人民币的战略性败局

经济的内在发展强能过度透支,加上人口等因素,中国已经进入下行通道,而且下行动能很强。这个时候,本来应该是人民币贬值的好时机,但即使到了此时人民币也没有随着宏观经济的下行进入贬值通道,而是继续上行。当时央行为了实行人民币国际化,从而形成了人民币估值过高的风险。人民币估值过高,对出口、对境内的利率市场、对中国房地产市场都造成了非常强大的制约作用。

以房地产市场为例,2005年以来顶住美元缓慢爬行的战略,不仅导致持续的双顺差,并且大量热钱蜂拥而入,来到境内套利,出现了两种后果:一种是达四万亿的外汇储备的积累;一种是中国房地产价格出现严重泡沫。一线城市房地产上涨七到八倍,而由于房地产价格的泡沫所形成的地方政府的债务规模也史无前例,这些都变成了对未来经济健康发展的危害。

两次闯关失败后,2016年2月下旬,G20央行行长会议在上海举行,此次会议确定汇率稳定的目标,官方的统一口径是人民币不具备持续贬值的基础,央行行长周小川对外的表态尽管是人民币维持"一篮子"货币的稳定,但是也再次确认央行将对人民币兑美元中间价进行适当干预。这表明,至少在短期内,人民币兑美元的贬值将画上句号。此后央行在市场上持续干预,再加上美国经济复苏反复,美联储没有持续加息,美元持续弱势,人民币暂时维持了对美元的稳定。

然而,为了维护人民币的稳定,央行不得不实行更为严厉的资本管制,并且把香港的人民币存款水平抽干,这让人民币国际化的步伐大大倒退,并为此付出了很大的代价。

但是笔者认为,这种稳定是暂时的,关键是中国宏观经济的下行趋势没有改变。人民币作为一种资产,相对于美元,投资收益率是下行的,未来还会更低,那么资金出逃就是一个必然。也就是说,人民币高估的状态不改变,资金的流出就不会改变。

那么在稳定汇率和外汇储备之间做何选择呢?目前高层选

| 货币风暴

择了前者,然而,如果经济持续下行,稳定汇率付出的代价必然是外汇储备。而这两个选项之间存在着负循环的逻辑,维持汇率稳定要消耗外汇储备,而外汇储备逐渐消耗,如果没有经济的改善,则汇率更难稳定。

更让人担心的是,目前实行的"关门放水"的死守汇率政策,会让楼市进一步攀升,尤其是一线城市的楼市。高层希望通过房地产各种优惠政策,再加上信贷货币的宽松,让居民去购买房地产,从而实现去库存的压力,把企业的杠杆转移到购房者身上,但是资金的去向没有遵循高层的意志,而是一窝蜂地涌向一线城市,将资产泡沫再次吹大,形成了更加危险的资产泡沫。

在中国,汇率和房地产是一体两面,一旦汇率维持稳定,房地产价格必然飙升,因为此前进来的资金出不去;而一旦汇率不稳定,房地产价格就会震荡,就会形成泡沫破裂。未来在人民币汇率的抉择上,高层如果按目前的既定战略——死守汇率,不仅仅会导致外汇储备的减少,而且会进一步吹大房地产泡沫。这样的状况持续下去,会对经济产生非常大的潜在危险。

纵观发生货币危机的各国,起先都选择稳定汇率,消耗外汇储备,到最后外汇储备消耗完了,最后不得不放开汇率贬值,资金外流,形成内部的金融危机。

作为具有三千年历史的亚洲货币,人民币走上国际市场化的道路是一个人类历史上的大事件。这条道路注定了不平坦,需要大智慧大战略,切不可因小失大,亡羊补牢。

目 录

前言 人民币的真相 / 1

第一章 人民币升值歧途 / 1

第二章 预演贬值 / 37

第三章 资金流出 / 73

第四章 人民币高估 / 99

第五章 大贬值 / 139

第六章 冲刺 SDR / 179

第七章 脱钩美元 / 207

第八章 死守汇率还是保护外汇储备 / 227

第一章
人民币升值歧途

人民币汇率登顶

从2015年汇改,央行实行了爬行盯住美元的政策,到2012年人民币整整升值了8年,而到了这一年,央行的判断是人民币已经达到了均衡水平,从这一年的外汇占款变化中就可以看出来。

2013年1月19日发布的数据显示,2012年12月末我国金融机构外汇占款余额为258533.48亿元人民币,当月金融机构外汇占款增加1346亿元。而当年11月,这个数据是-736.27亿元。

外汇占款这个数据很重要,其实就是外贸企业到商业银行结汇,以官方的汇价把美元等外汇卖给商业银行,而商业银行又把相应的人民币存入该企业的存款账户,这就是外汇占款。而商业银行再把这些外汇卖给央行,央行则要发行货币给商业银行超额储备金存款,这个过程事实上是印钞票。

从这个过程可以看出,央行事实上印钞票购买美元等外汇,目的是要把人民币的汇率控制在一定水平内。因为如果央行不购买的话，美元等外汇储备在市场上过多，就会导致其相对于人民币的汇率下跌，人民币汇率反而会上涨。上涨的汇率会削弱出口竞争力，但负面作用是这样会导致境外资金流入太多，央行发行货币太多，使得流动性泛滥，推高股市、房地产或者其他收藏品价格，形成泡沫。

其实，从2013年3、4月开始，央行就基本停止了这样的操作，主要是因为当时央行的判断是人民币汇率已经达到了均衡水平。所以从4月开始，外汇占款增加幅度就出现了逆转，其中4月、7月、8月和11月出现了不同程度的负增长。这说明企业或者个人已经对人民币汇率的判断由此前的升值预期转为贬值预期，他们不再像以前那样把手里的美元换成人民币持有，结汇的意愿大大减弱。

这个局势到了当年7、8月就出现了变化，主要是后半年中国经济宏观形势出现好转，央行通过两次降息和降低存款准备金率，流动性进一步宽松，房地产价格立马加速上扬。有人测算，2012年一年北京、上海等一线城市房价上涨达30%以上，这是吸引境外资金的一大来源。

而上一年外贸顺差方面，尽管商务部一再放出悲音，但是却出人意料。全年同比增大50%，远远超出人们的预期。这说明尽管欧美人经济拮据了，但中国出口下跌得并没那么可怕。意料之外的是，正因为他们没钱了，消费不起欧美的昂贵品牌，那么价廉物美的中国商品正中他们下怀。

当然更为长期的因素是美国推出QE3，欧洲央行也向美联储学习，实施各种量化宽松政策。后来又加上日本央行，到了安倍晋三上台，更是将量化宽松政策推向了极致。这些政策在国际金融市场上对人民币汇率形成"十面埋伏"的局势,本来已经达到均衡汇率的人民币再次走上了大幅升值的道路。

反映在人民币汇率上,就从上一年3月人民币开始贬值,一直到8月贬值趋势转缓,此后10月开始大幅升值,这与中国宏观经济的走势以及人们的预期极为契合,境外资金重拾对中国经济的信心,开始再次出现资金净回流的态势。

那么问题就是这个趋势是短期趋势还是长期趋势,是否人民币将长期持续升值?外汇占款也会跟改后一样将大幅增加,央行是否也将持续干预人民币汇率?境外资金是否将持续流入?央行的流动性管理是否仍然将重新动用央行票据和存款准备金率?

有几个迹象:首先是美国经济已经进入强劲复苏,包括企业盈利、新房销售和非农就业都得到大大改善,而"财政悬崖"的问题有望持续改善,尤其是美国实现能源独立将为美国经济复苏带来廉价动力,美元将很可能大幅升值。

更重要的是,根据2013年1月3日美联储发布的议息会议纪要,它开始担忧宽松政策带来的通胀风险,并首次提及可能在2013年底结束量化宽松,并直接开始讨论何时退出。

美元是国际金融市场的指挥棒,一旦2013年美元结束量化宽松货币政策,将对其他货币汇率产生决定性影响,那么此轮人民币汇率的急升就有可能画上一个句号了。然而,事实是,此后人民币汇率的走势与人们的预期恰恰相反。

资金首现流出

资金流出对于中国这样一个资本相对缺乏的国家而言,向

| 货币风暴

来就不是一个好消息。2005年实行缓慢爬行的汇率政策后，人们就一直在谈论这个风险，不过到了2012年这个风险是真的来了。

2013年2月28日，外汇局公布的《2012年中国跨境资金流动监测报告》中罕见地警示了资本流出风险。该报告指出，未来一旦风险再次积聚和爆发，新兴市场经济体将被动承受资本流出和本币贬值的压力。

该报告认为，2013年，我国跨境资金净流入规模反弹和双向变动的内外部因素依然存在。一是基于现阶段我国的经济竞争力和经济结构以及国际分工格局，经常项目尤其是贸易顺差局面仍会持续，并继续吸引外国直接投资等国际长期资本流入；二是发达经济体竞相推出超宽松货币政策，造成国际金融市场流动性泛滥，新兴市场经济体被动承受资本流入和本币升值的压力。

这从2012年12月到2013年1月外汇占款的大幅攀升中可以看出来，从2012年12月开始，人民币一反此前长达七八个月的贬值，开始了升值步伐。其中的原因就是美国和欧洲金融危机开始有所缓和，欧美国家央行持续的量化宽松政策，资金泛滥，而从后半年开始政府出台一系列以扩大基础设施为主的基础经济刺激政策，并在一定程度上放松了对房地产市场的调控，经济出现复苏迹象，大量资金涌入香港市场。香港为了稳定港元币值，不得不投入大量港元以稳定市场。

外汇局的报告认为资金存在周期性流出的风险。主要原因：一是发达国家经济复苏企稳，信贷需求上升，利率回调，投资者调整投资策略，将一部分资金重新投放发达市场；二是遭遇了新一轮危机，投资者的避险情绪再次上升，将资金回撤至发达市场相对安全的资产上。目前来看，第一种情况发生的可能性较大。

外汇局在这两点分析中没有明确指出美元的升值,美元的此轮升值已经持续了大约一个月的时间,从最低点78点到目前的81点,而人民币也由此前的大幅升值,到如今的震荡。

美元此轮升值说明美国经济自身的增长能力开始显现,美联储2013年1月的一次议息会,有一派人士已经提出了量化宽松退出的问题,有经济学家估计退出的时间大概是2015年。而美国经济最近一系列利好数据,最根本的还是就业市场的改善,改善的基础是实体经济内生动力的提纲,强大的创新技术如通信网络、3D打印、能源技术等都将是美国经济恢复的强大基础。尽管美国经济还存在很大的不确定性,但是利好正在慢慢变多,而坏消息正在慢慢减少。

如果美国经济好转,投资者将可能把资金再次撤出而配置到回报率更高的美国市场。在美国政府大肆鼓励制造业回流的情势下,这个可能性正在形成。

从2012年就开始了一些外资制造业开始撤出中国的趋势,主要的问题是回报率的降低将不可避免,劳动力和资源压力也是步步紧逼,外资除撤回本国以外,也有一些资金迁往东南亚等成本更低的地区。

外汇局分析的第二种可能性,指的是国内发生危机,导致外资撤出,但外汇局没有明确指出是哪种危机,其实中国未来可能发生的危机不过是房地产泡沫的破裂和地方融资平台风险的爆发。

在宏观经济方面最可能发生的风险是通货膨胀,天量货币发行存量的变动、地方政府投资崇拜、境外资金的短期大量涌入都可能引起严重的通胀。

堂·吉诃德式风车大战

本世纪初，人民币升值压力初显伊始，中国政府决定采用"三性原则"让人民币渐进升值之时，央行就开始了一场战斗，几乎注定了，这是一场悲壮的但具有一定悲剧色彩的"堂·吉诃德式风车大战"。因为几乎在人民币周围到处都是敌人，央行不知道这些敌人的战术和战略，甚至不知道敌人的兵力和部署，也不知道战争何时结束。

敌人在暗处，人民币在明处，这就是人民币战斗的战场形势。这是一场持久而艰苦的实力悬殊的大战。

2012年人民币大幅波动，中国外贸一度出现大幅逆差，资金开始了一波强大的撤离，人民币出现了前所未有的贬值预期，央行也开始暂停干预。在一次内部论坛上，一位央行人士在解释这个现象时说，那是因为当时欧洲主权债务危机出现在季度困难时期，流动性出现紧张，许多资金从国内撤出，支援欧洲，再加上贸易逆差出现，人民币出现了贬值现象。但是他又反问了一句："假如人民币持续贬值呢？"他们没有回答这个问题，但笔者能听出来，他对人民币持续贬值后可能出现的资金羊群效应、大量流出的后果是心中没底的，而这正是亚洲金融危机预言过的灾难。对于中国这个泡沫经济体而言，无疑是更大的灾难。

6.26、6.25、6.24、6.23，人民币兑美元汇率中间价在短短不到一个月的时间内连破四关，2013年4月25日，再次刷新4

月17日创下的历史高点6.2342，报6.2300。其实，市场报价已经远远高于央行的中间价格，报到了6.21左右。可以想象，央行为了控制人民币升值幅度，承受了怎样的升值压力。

为了控制人民币升值，央行只有发行基础货币买入涌进来的美元。这表现在2013年一季度刷新历史新高的新增外汇占款1.2万亿元，其中，3月2363亿元，2月2954.26亿元，1月6836.59亿元，连续四个月月均增长超过4000亿元。流动性的泛滥再次出现。

很显然，欧美的持续货币宽松让境外资金流入这个大环境没有发生变化。一个重要的新的因素是，2012年末自从日本新首相安倍晋三上台之后实行极度宽松的货币政策，日元开始大幅贬值，从2012年末到目前为止已经贬值了20%以上，巨额的日元套汇交易资金把高息的人民币作为保值增值的对象。这就难怪，2012年一季度内地对香港的外贸数据会出现异常。

2013年一季度，广东进出口总值2891.6亿美元，扣除汇率因素后同比增长了37.7%。其中，广东对香港贸易额达到842.6亿美元，增幅高达91.6%。媒体报道，其异常主要源于深圳一季度贸易的异常增长，广东部分地市进出口额甚至表现为下降。1—2月，进出口额同比增长了61.5%。

出口商通过一些专业的公司，将一单货物在深圳与香港之间反复进出，最终境外热钱得以流入，而出口商也能成功套取出口退税。

可以肯定的是，日元的大幅贬值是人民币目前面临的新的棘手因素。央行副行长易纲最近表示，关于日元贬值对人民币的冲击，央行已经有了应对方案，他还透露，近日将扩大人民币的波幅。

　　笔者很难猜测央行的"应对方案"是什么锦囊妙计，不过一般而言，除了人民币市场化，很难有什么有效策略。

　　无论如何，流动性的季度泛滥，如果在经济增长时期，必将表现为强烈的通胀基础和预期；在经济放缓时，流动性将冲击整个金融系统。如中国最近两年出现的快速膨胀的影子银行，资金要寻找获利的途径，只能通过各种金融产品增值，这些增值没有实体经济增长的价值作为后盾，而是无端出现的泡沫，如房地产价格的上涨，影子银行的膨胀等。一旦出现较大的风险，泡沫破裂，出现连锁反应，将威胁到整个金融系统的安全。

人民币变盘

　　2013年7月10日，人民币兑美元汇率中间价报6.1652，较前一交易反弹78个基点。而与此同时，在国际贸易和金融市场上，却正在出现美元需求强劲、人民币需求疲弱的状况。这些信息都不支持人民币继续升值，并可能在市场上形成贬值预期。

　　两个信息很重要，一个是进出口数据，一个是外资银行调整美元利率。

　　2013年6月当月，我国进出口总值为2万亿元人民币，下降2%。其中出口1.09万亿元人民币，下降3.1%。6月出口3.1%，同比增速创下2009年10月以来44个月的最低值；进口0.91万亿元人民币，下降0.7%；贸易顺差1693.4亿元人民币，收窄14%。

自 2008 年金融危机以后，中国外贸基本呈现出一个长期顺差，出口增速较快的态势，但也有一定波动，如 2009 年末出口的增速放缓，主要是由于美国金融危机肆虐，国内需求放缓。而 2011 年第三季度逆差加大，则主要是由于欧洲债务危机爆发，欧洲需求放缓。

而这次出口放缓的背景却比较特殊，国际经济相对处于稳定期，尤其是美国经济在上半年出现持续复苏势头，但是这并没有对中国的出口造成明显的波动。对美国和日本的出口额却分别造成了 5.4% 和 5.1% 的下滑。

出口出现超预期的跌幅，除了过去三个月人民币大幅升值，打击了出口的积极性，另一个更为重要的原因是国内资源和要素价格的上升，已经让出口贸易很难再有下降的空间。出口企业开始去产能，这就是我们在东莞看到的大量工厂倒闭的萧条景象的反映。

另一个是 2013 年 7 月初外资行大幅度提高美元定存利率。例如，花旗银行在其官网发布公告称，7 月 1 日至 31 日，客户以新增资金存入美元定存，就可以获得 3 个月 1.2%、6 个月 1.5% 的特惠年利率，高于此前 0.5% 及 0.9% 的定存利息。星展银行对美元 3 个月、6 个月的定期存款优惠年利息也从原来的 0.2% 和 0.5% 调整到最高 1.6% 和 2%。

与此形成对比的是，以外币业务比较多的中国银行为例，其 6 个月美元的挂牌定期存款利息仅为 0.5%，自上一年 10 月 8 日曾下调过一次后目前尚未有变化。这意味着，外资行 6 个月美元定存 2% 的利息是中资行的 4 倍。有媒体统计，以 1 万美元计算，6 个月定存星展银行可比中行多获得 75 美元。

很显然，对市场嗅觉更为灵敏的外资行，看到了在美联储量化宽松退出的大背景下，美元中长期走强的趋势，市场对美元的需求开始增多。银行的以上举措其实反映了实体经济的需求，可能是许多客户或者企业开始对美元有了强劲需求，他们或者是贸易需求，或者是投资需求，或者是对人民币投资收益下降的预期。国际外汇市场的表现则是，此前美元指数一度涨至三年来新高 84.52，而当年以来美元指数已经累计上涨约 6%。

在这种情况下，如果中资行在外汇利率上不做出调整，将可能导致客户流失。他们可能把中资银行账户上的外汇存款转为外资银行的账户，中资银行外汇资金就会发生短缺；而如果做了调整，人民币升值的趋势可能就会受到较大的冲击。

人民币国际化窗口

2013 年 9 月，美国就业情况果然不及预期。数据显示，非农就业人数增长 14.8 万人，预期增长 18 万人；8 月非农就业人数修正后为增长 19.3 万人，7 月非农就业人数修正后为增长 8.9 万人。

这个数据显示出美国经济复苏进程并非一帆风顺，现在已经进入低速增长期，难免今后还有反复。这个数值对国际市场最大的影响是，QE 缩减和退出的时点可能还将持续延后。

国际金融市场就是如此诡异和难以捉摸，所有投资者都在担心美联储于 2013 年缩减量化宽松规模并逐渐退出 QE，而且当这种预期正在对新兴市场国家造成实质性打击，人们惊呼"狼来了"的时候，美联储做出的决定却是暂缓退出，而此后就是两党关于债务上限的谈判，尽管达成了暂时的妥协，但是关于债务上限的谈判可能将无限延期。这些都打击了国际市场对美元的信心。

金融市场的反映是美元大跌，黄金大涨，非美货币大涨，美元已经跌破当年前半年创下的最低点80，并可能继续下跌。

美国经济复苏的反复对新兴经济体而言，是好消息还是坏消息呢？现在看来肯定是后者。而对于中国而言，这可能是中国推行人民币国际化最好的时间窗口期。

所谓人民币国际化，就是国际上其他国家和居民，能够信赖人民币，相信以人民币资产作为其财富的储备，可以保值增值，能够方便购得物品和服务，并能方便交易和变现。这些质素产生最核心的要素是以人民币为代表的背后，经济基础稳健地增长。当然这其中就是要逐步建立人民币境外的产品和投资市场，人民币的支付系统，国内持续扩大并能稳健运行交易的人民币金融市场，最重要的基础是一个人民币主权国家的信用、经济和社会稳定、政治的进步和发展等等。

但是，需要注意的一点是，以上所有要素都是相对而言的。也就是说，只要人民币市场和主权国家在当下的经济体和主权国家中做得相对更好，就基本可以。

美国经济复苏的缓慢为中国人民币的壮大提供了千载难逢的机会，这应该是从2008年金融危机开始的。这次金融危机对于如日中天的美元可谓一个绝大的打击，随着整个华尔街处于风雨飘摇之中，美元的霸气开始收敛。这时候开始崛起的就是"金砖四国"，其中尤以人民币最为耀眼。尽管此后退出的四万亿

| 货币风暴

消耗了经济的大部分潜能,但是由于这个经济体庞大的体量和穷怕了的勤劳人民,人民币开始在周边国家被认可,然后在政府的推动下,废除了多项不合理的对外管制政策,并与多个国家在货币方面达成了合作协议。

资料显示,自 2008 年 12 月以来,中国已经与韩国、中国香港、马来西亚、白俄罗斯、印度尼西亚、阿根廷、冰岛、新加坡、新西兰、乌兹别克斯坦、蒙古、哈萨克斯坦、泰国、巴基斯坦、阿拉伯联合酋长国、土耳其、澳大利亚、乌克兰、巴西、英国、等二十多个国家和地区签署了货币互换协议,总额超过 1.67 万亿元人民币。在 2013 年 2 月,人民币是全球排名第 14 的支付货币,市场占有率为 0.56%。考虑到中国占全球贸易的 10%,并且还在以较高的速度迅速扩张,今后进口的增长将会显著加快,这些都有利于人民币在国际上的停留、持有和交易,有一些国家已经把人民币作为储备货币。

从这些信息来看,美国经济复苏越来越明显,尤其以高科技、新型能源的崛起最为明显,但美国经济复苏几乎可以完全归功于美联储连续三轮的量化宽松政策。正是连续地向金融市场注入货币,才恢复了金融体系的功能,信贷进入实体经济,以房地产和高科技产业为代表的一些产业开始兴起,美国经济才进入复苏的阶段。

而新兴经济体跟美国经济一样,正是由于美国量化宽松政策,才使得其低息货币在全世界范围内寻找投资机会,大量低成本资金进入新兴市场国家,为新兴市场国家的复苏奠定了基础。这是美国利用其国际信用,促使整个国际市场恢复流动性,并为经济复苏注入了一支强心针。

这其中就包括中国，中国经济的复苏依靠的是货币信贷的放量增长，这为其大规模的投资提供了基础。房地产市场欣欣向荣，以流动性的充裕为基础，而流动性的基础是进入境内的美元为中国的货币发行提供了信用基础。这其中除贸易顺差，依靠实物的出口形成的货币投放之外，还有在资本项目下进入国内的短期投资资金，这部分资金被称为"热钱"。

随着美国经济复苏，人们都在谈论美联储退出量化宽松，这种预期对新兴市场的打击已经体现。一些财政状况差、债务比较多的新兴市场国家，提前感受到了美国量化宽松政策退出的寒冬。

印度、印度尼西亚和巴西是提前感受到的，其中的表现是本币大幅贬值，国债利率升高，政府融资困难，资金大量撤出，房地产和股市等资产价格大幅下跌。当时就有很多人预期，这种状况如果持续，将可能导致中国的房地产市场和政府庞大债务泡沫破裂，如果资金随着美联储QE的退出而撤出，中国人民币国际化的窗口就要开始关闭了。

而此次美国经济数据表明，美国经济复苏也许没那么快。从根本上讲，如果美国经济复苏的基础是建立在QE基础上的话，那么其经济体内在矛盾并没有解决，如美国政府债务的危机就是一个表现，这个问题必将长期困扰美国经济。如果美国政府真正要缩减债务规模，就必须降低借债规模，进行政府支出的大规模紧缩，这对实体经济的复苏必将是一个过重的打击。

不仅如此，美国经济此轮复苏伴随的是——资金推动的股市和房地产的上涨，这两个领域完全受资金推动。一旦美国QE缩减规模，其上涨就会止步，并可能出现大幅下跌，这些都将会影响到经济的增长。当然美国经济内部更为内在的问题，还有产能过剩、债务规模过重、金融企业信贷意愿不足以及内部的贫富分化等问题。这些尽管是目前世界性的问题，但是在美国的经济复苏中仍然不可回避。

美国经济复苏疲软的长期化，对中国经济而言并不是坏事。尽管出口会受到打击，但是资金必将持续流入中国，人民币还将可能持续升值，人民币计价结算的范围将会扩大。境外人民币产品市场正在慢慢建立之中，人民币走向国际的步伐正在加快，这是一个难得的窗口期。

人民币何时自由兑换

2013年12月初，央行终于发布了关于自贸区金融改革的意见，内容主要涉及央行几年来一直在努力探索的资本项目可兑换、利率市场化和汇率体制改革等。由于此前有多位央行人士和专家表达了金融业进行区域试点的风险，因此，此次央行出台的政策，基本是借用了自贸区这个平台，央行的政策突破主要在资本项目的自由兑换和外汇管理的便利化方面。

在价格方面，尤其是利率和汇率的市场化方面，央行的政策是比较保守的，原因是自贸区虽然是一个区域，但是价格问题具有较强的传导性和扩散性。如果在自贸区实行以上改革，就可能导致资金价格的利差，导致境内外之间账户的套利，从而冲淡改革效果。自贸区实现资本项的可兑换是央行的夙愿，此次强力推进足见央行推进人民币资本项目可兑换的决心和信心。

具体表现为：一是自贸区内金融账户的分立创新。央行规定，居民自由贸易账户与境外账户、境内区外的非居民账户、非居民自由贸易账户以及其他居民自由贸易账户之间的资金可自由划转。同一非金融机构主体的居民自由贸易账户与其他银行结算账户之间，因经常项下业务、偿还贷款、实业投资以及其他符合规定的跨境交易需要可办理资金划转。

尤其是，居民自由贸易账户与境内区外的银行结算账户之间产生的资金流动视同为跨境业务管理。这条规定，就是为了在居民自由贸易账户和境内区外的银行结算账户之间建立一个防火墙，以免境内资金和境外资金通过居民自由贸易账户实现自由流动，防止由于资金的大进大出所酿制的风险，这也是此前担心在自贸区实现金融自由化可能产生的风险。这个账户管理虽然有很多技术难题，监管任务繁重，但却是其他自贸区金融改革的前提和基础。

第六条规定，一是居民自由贸易账户及非居民自由贸易账户可办理跨境融资、担保等业务。条件成熟时，账户内本外币资金可自由兑换，这表明自贸区账户将是未来人民币自由兑换的一个先锋。

二是推进资本项下人民币自由兑换。央行规定，在自贸区内就业并符合条件的个人可按规定开展包括证券投资在内的各类境外投资。区内个体工商户可根据业务需要向其在境外经营主体提供跨境贷款。在区内就业并符合条件的境外个人可按规定在区内金融机构开立非居民个人境内投资专户，按规定开展包括证券投资在内的各类境内投资。这些规定基本实现了资本项下人民币自由兑换而不是要通过 QDII，其中包括，境内个人对外的证券投资和境外个人对内的证券投资以及其他投资。

三是开放资本市场。区内金融机构和企业可按规定进入上海地区的证券和期货交易场所进行投资和交易，因为区内企业包括外资公司，尽管没有提到在境内发行股票，但是投资和交易也可以理解为外资公司发行股票。不过由于市场极为敏感，此政策或将等待时机。这当然相当于无限扩大了QFII的额度。

四是融资便利化。区内的中外资企业和非银行金融机构可从境外融入本外币资金，尽管要完善外债的宏观审慎管理制度，但也进一步扩大了企业的融资方便。

五是金融产品和交易的自由化。央行规定，区内机构可按规定基于真实的币种匹配，并且在期限匹配管理需要时，区内或境外可开展风险对冲管理。允许符合条件的区内企业按规定开展境外证券投资和境外衍生品投资业务。试验区分账核算单元因向区内或境外机构提供本外币自由汇兑产生的敞口头寸，应在区内或境外市场上进行平盘对冲。试验区分账核算单元基于自身风险管理需要，可按规定参与国际金融市场衍生工具交易。经批准，试验区分账核算单元可在一定额度内进入境内银行间市场开展拆借或回购交易。

六是扩大人民币跨境使用。上海地区银行业金融机构可凭区内机构和个人提交的收付款指令，直接办理经常项下、直接投资的跨境人民币结算业务。这进一步推进了境内外人民币支付的便利化，消除了诸多中间环节，并可以与区内持有《支付业务许可证》且许可业务范围包括互联网支付的支付机构合作，按照支付机构的有关管理政策，为跨境电子商务（货物贸易或服务贸易）提供人民币结算服务。

区内金融机构和企业可从境外借用人民币资金，借用的人民币资金不得用于投资有价证券、衍生产品，不得用于委托贷款。区内企业可根据自身经营需要，开展集团内双向人民币资金池业务，为其境内外关联企业提供经常项下集中收付业务。

七是央行在自贸区内关于人民币利率市场化的规定。该规定相对比较保守，可能是考虑到利率市场具有更大的传导性，而自贸区账户的防火墙政策也难以对其进行防控，因此只是规定，根据相关基础条件的成熟程度，推进试验区利率市场化体系建设。将区内符合条件的金融机构纳入优先发行大额可转让存单的机构范围，在区内实现大额可转让存单发行的先行先试。待条件成熟时，放开区内一般账户小额外币存款利率上限。

八是对外汇管理进行便利化。如支持试验区发展总部经济和新型贸易，简化直接投资外汇登记手续。将直接投资项下的外汇登记及变更登记下放银行办理，加强事后监管。在保证交易真实性和数据采集完整的条件下，允许区内外商直接投资项下的外汇资金意愿结汇。

死扛汇率

之前说过，2012年央行相关人士已经判断，人民币汇率达到了均衡水平。按照中国宏观经济进一步下行的趋势，汇率应该相应贬值，但是与预期相反，人民币却开始了大幅升值。

2013年8月15日下午，银行间询价市场上美元兑人民币即期汇率尾盘大幅走低，收盘报6.1125，突破前期低点6.1143。

| 货币风暴

这标志着人民币兑美元汇率再创汇改新高,6.11关口近在咫尺。

而同日公布美元兑人民币中间价报6.1696,比昨日下跌24个基点。这是自2013年6月17日以来,人民币中间价创下的新高6.1590。此后盘整近两个月后,可能再次发动新一轮攻势。

对于2013年初以来,人民币大幅升值,经济观察者感到大惑不解:在中国宏观经济增速走低,资产泡沫面临破裂,债务危机严重,并且境外投行和经济观察者纷纷唱空中国经济时,人民币汇率却不降反升,这到底是为什么?

当年初开始的人民币大幅升值,很多人士猜测央行在死扛。他们认为,美国经济复苏很强势,美联储退出QE近在咫尺,美元必将进行新一轮的上攻态势。而由于人民币渐进升值导致最近几年进入中国的大量热钱此时必将纷纷撤离,这将会对中国泡沫化很严重的资产价格——主要是房地产价格造成毁灭性打击,而房地产市场攸关于中国的金融体制、货币发行和地方财政收支。因此中国政府绝不会坐看热钱撤退,必将采取一定的措施稳住局势。

因此有人猜测,肯定是央行为了稳住资产价格,在市场上维持了人民币强势的假象,也就是抛出手中的美元,购买人民币,而这个说法也在2011年11月那次人民币连续跌停中得到了佐证。如2011年11月30日,人民币上午还在升逾百点的中间价引领下续涨,但下午在大额购汇盘的重压下却转而下跌,尾盘突然一度触及跌停价6.3799。截至收盘,美元兑人民币询价系统报收于6.3793,较前一交易日上涨20点。这是2005年人民币汇改以来少有的市场变化。

此后,从这天开始一直到2011年12月15日,美元兑人民

第一章 人民币升值歧途

币即期汇率连续12天触及跌停，金融市场一片哗然。到了15日这天，当人民币在盘中再次达到跌停位置时，突然从国有银行涌出大量美元抛盘，人民币才脱离再次触及跌停位置。市场人士认为这是央行不愿看到人民币持续跌停，用抛售美元的方式来稳定人民币汇率的市场预期。

而最后的事实是，这个猜测是不正确的，如2013年前半年的人民币大幅升值，也正是伴随着中国宏观经济的连续大幅下滑，美元也是在上涨通道，但我们看到，外汇占款并没有大幅下降，而是出现了超乎预料的外汇占款大幅增加。据央行统计显示，当年前五个月的新增外汇占款分别为6836.6亿元、2954.3亿元、2363亿元、2943.5亿元、668.62亿元。

显然，最后的数据证明，央行不是故意死扛让人民币升值，而是进入境内的资金过多，人民币是被动大幅升值。

到了2013年6月，外汇占款出现了412亿元的负增长，而正是在2013年6月初人民币停止了持续长达半年的大幅升值的趋势，人民币汇率开始了盘整。

看来人民币汇率变动主要取决于国际市场资金的流动方向，并非央行死扛。那么在中国宏观经济总体下行，美联储退出QE预期强烈的情况下，为什么人民币还会出现大幅升值，而不是相反呢？

我们仔细观察中国宏观经济的运行，就会发现，人民币汇率的涨跌并不取决于中国宏观经济走势，而是取决于中国政府投资力度的大小以及中国政府对于经济干预决心的大小。这是因为2009年那次四万亿的大幅投资，让境外资金尝到了甜头。当时有媒体计算仅各地即将兴建的城市轨道交通就需要投资

| 货币风暴

四万亿元，而中央政府对铁路的投资决心很大，棚户区改造、城市地下管网建设、污水垃圾处理设施建设等，所谓"经济建设、人民生活都是必需的，而又是掣肘中国经济发展的瓶颈问题"是这次投资的重点，因此有人大呼新的"四万亿"又来了。而房地产价格和土地价格的腾飞更是早已有之，因此境外热钱吃定了中国政府必将再次倾其权力进行新一轮投资，这至少在短期来讲对于外资是一个大好机会，怎能错过？于是新一轮资金的入境就是可以预期的了，而与此同时，美联储退出QE由此前的明朗变模糊，美元疲软也是影响因素之一。

外资不顾宏观全局处于下滑态势，而吃定政府大手笔投资，其实在前几年人民币汇率的起伏中也有迹可循。

例如，2012年5月到10月，人民币有一个持续时间较长的贬值过程。当时，中国宏观经济的基本状况，无论是从官方的还是汇丰的PMI来看，基本都处于下跌过程中。此时外资对中国经济不看好，有几个月外汇占款出现负增长，2012年4月和7月均出现负增长。

2012年后半年，人民币开始一轮大幅上涨的主要原因是，政府再次开动了投资列车。发改委连续放行多种投资项目，其中就以地方城市的轨道交通为主，尤其是多个地方政府连续推出了动辄万亿的投资计划，而2011年后半年的经济数据也有改观，不论官方的还是汇丰的PMI在后半年都出现了大幅飙升。更由于央行连续两次降低利率，股票市场报以颜色，这种状况导致了外资再次看好中国宏观经济，于是人民币走上了大幅升值的道路。

其实，在当时中国的经济发展状况下，人民币汇率基本达到了均衡水平。人民币汇率大幅升值弊大于利，汇率的升值不仅仅让以出口为主的沿海民营中小企业苦不堪言，大量关门倒闭；而且过高的汇率，偏离中国宏观经济基本面，当经济最终触底时，外资大量流出对整体经济有较强的破坏性。

外汇占款减少

人民币连续升值，是因为央行不再购买银行手中的外汇资金，同时，银行限制结汇，并把外汇存款利率大幅压低，逼迫资金外流。这就是2012年11月人民币连续触及涨停，但是外汇占款却出现大幅下降的原因。这也许是央行有意为之。

央行2012年11月14日公布的《金融机构人民币信贷收支表》显示，截至11月末，中国金融机构外汇占款余额为25.719万亿元，低于10月末的人民币25.792万亿元。2012年11月外汇占款数据超出市场人士预期，不但没有增加1000亿元以上，反而减少了736亿元。

外汇占款减少让市场人士感到极为不解，市场普遍预期2012年11月中国金融机构外汇占款会大幅增加，原因是，美国推出QE3。热钱大量涌向香港，香港金管局频频入场抛售港元抑制本币升值；人民币逾一个月陷入涨停僵局（尽管事实上并没有明显升值）。

外汇占款数据包含商业银行和其他金融机构的外汇买卖金额，但主要反映央行的外汇交易情况。一般认为，外汇占款的增减是衡量海外资本进出中国的替代指标。

| 货币风暴

其实，外汇占款的数字诡异，在 2012 年 10 月就有体现。10 月外汇占款新增 216.25 亿元，环比少增近 1000 亿元，这一数据也让市场分析人士感到极为困惑，因为此前的预期是 10 月新增外汇占款应该为 1500 亿—2000 亿元，只不过 11 月减少的数额过大而已。

2012 年 11 月外贸顺差达 196 亿美元，尽管比 10 月的 320 亿美元有大幅下降，但也是增加的。尽管 FDI 数据还没有出来，但是也不会有大幅下降，那么这么巨额的资金进入后去了哪里呢？

一种观点认为，在当月人民币升值并出现多日涨停的情况下，外汇占款却下降可能是由于干预减少，致使外汇市场"有价无市"。按照这种观点，央行没有进行干预，因此央行手里也没有购买大量美元，没有向市场投放外汇占款。那么进入国内的资金要么停留在居民手里，要么停留在商业银行里。

难道是作为外汇存款存放在商业银行？先看贷款，央行数据显示，2012 年 11 月末外币贷款余额 6600 亿美元，同比增长 24.3%，当月外币贷款增加 166 亿美元。按照"贷款创造存款"原理，11 月存款应该大幅增加，但是 11 月末外币存款余额 4157 亿美元，同比增长 55.8%，当月外币存款减少 19 亿美元。现在看来，11 月在商业银行的外汇存款还是减少的。

还有一种猜测，2012 年以来，企业进口通过海外代付等方式尽量延迟付汇，在贸易项下积累了大量美元空头，其到期集中偿付会致企业购汇增加。

其实，企业购汇后，也不会把外汇拿在手里，也只能是存放在银行，或者出境运用，既然银行外汇存款减少，那么资金只能是出境了。

外汇存款利率被压得极低，企业不可能把外汇存放在银行，那么只有一种解释，就是资金流出了。这也部分印证了一种极端看法，人民币一边升值热钱一边流出，造成这种矛盾现象的原因是央行为了维持人民币升值的假象，使得流出的热钱的收益大大增加。

2013年7、8月间，四大行先后把外汇存款利率直接调降80%以上，这使得企业居民不得不开始结汇，终于9月出现了净结汇。从9月开始央行已经基本停止了购买银行间市场因净结汇产生的超额外汇资金，造成人民币结售汇需求突然失衡，驱赶境内居民企业所持外汇加速结汇。

银行拿着这部分结汇资金不能出售给央行，也开始限制结汇，或者将这些外汇余额在外汇市场上换成人民币，这就导致人民币汇率随之上扬。这就是这轮人民币连续几个月直逼涨停的原因，也就是说，人民币的此轮升值并非热钱流入所致，而是央行政策转向，并在市场上形成了一定程度的紧缩。

2013年11月外汇占款减少，主要是央行减少购汇，居民和企业持有外汇，在境内银行很难结汇的情况下，资金被调到境外使用。这部分资金尽管不能断定为热钱，但也不能断定为不是热钱。

也就是说，在央行货币投放方式发生重大转变的形势下，央行将不再对市场进行干预，进入中国的外汇资金因为银行不愿结汇，或者外汇存款利率过低，导致这部分资金又出去了。

另外，2013年11月外汇占款减少除了进入的资金被迫流出外，很有可能境外企业利润等资金也正在持续流出，不过这也许是央行有意为之。

社科院金融研究所刘煜辉的测算显示，8、9、10、11月残差（外汇占款－顺差－FDI）剔除掉外汇存款增加的部分，剩下的为 -2217亿、-1048亿、-2092亿、-2595亿；与此同时这4个月的外汇贷款量还相当大，总共766亿美元。

他说，这不仅仅是简单的不结汇，形成外汇存款上升的概念，而是资金出境了。

保汇率还是保资产价格？

人民币汇率的一个死结是资产价格。在中国，目前最主要的是房地产价格，由于2005年实行缓慢爬行的汇率政策，导致大量境外逃离资金进入中国，逼迫央行发行大量货币，促使房地产价格在最近十年爬升了许多倍。如果这些资金出逃，房地产价格将会立即崩溃，这是人民币汇率政策考虑最大的痛点。因此，人民币汇率很难贬值，因为贬值会导致资金出逃，房地产泡沫破裂。而房地产又是中国经济的支柱产业，房地产泡沫破裂很容易导致经济大萧条，这会导致央行在汇率政策上投鼠忌器。

2013年G20会议上，有人扬言要联合新兴市场，用12个国家的外汇储备——6万亿美元——狙击美元的过快升值。这个说法其实有点不着边际。

2013年9月美元持续飙升，好消息来自于非农就业数据。9月初，美国劳工部宣布，首次申请失业救济人数减少9000人，降至32.3万人，接受MW调查的经济学家平均预期该数字将小幅下降至33万人。

还有好消息，劳工部的另一份数据表明，美国第二季度劳动生产率从上次公布的增长0.9%上修为增长2.3%。此前接受MW调查的经济学家平均预期该数字将增长1.9%。

另外，美国商务部宣布，当年7月的工厂订单环比下滑2.4%。据彭博社调查，经济学家对此的平均预期为环比下滑3.4%。6月的工厂订单环比增长1.5%。还有，美国8月ISM服务业指数从56%跃升至58.6%。

2013年9月5日当日，美元几乎是直线拉升0.52%。由于欧盟经济的复苏，美元指数受制于欧元近期的强势表现，涨势受阻。

不过人民币当时在大幅上涨之后，近乎两个半月处在上下不得之中，不过周边货币演绎了"惊险大跳水"，把人民币抛在了沙滩上。

与中国贸易往来比较频繁的国家中，2013年日元几乎跌了20%；其他新兴市场货币自2013年5月下旬以来大幅贬值，美元兑土耳其里拉已经从1.8附近最高升至2.05，升值比例为13.88%，即土耳其里拉相应地贬值近14%；美元兑印尼盾在这段时间内从9700附近最高升至11000附近，对应的印尼盾贬值幅度达13.4%；印度卢比也表现出相似的走势，且美元兑印度卢比的升值幅度更大，自5月下旬的55附近最高升至67，升幅高达21.82%。印度卢比是这波新兴市场货币贬值中贬值幅度最大的货币。

巴西雷亚尔和南非兰特的贬值从2012年就开始了，只是进入2013年5月以来遭遇了更大幅度的新一轮贬值。美元兑巴西雷亚尔自2013年5月下旬的2.0附近最高升至2.4附近，升幅

| 货币风暴

高达 20%。美元兑南非兰特在此时间段内从低点 9.0 附近升值到最高点 10.4 附近，升值比例为 15.56%。

而人民币当年以来兑美元则几乎上涨了 2%，这样算来，中国对周边国家和新兴市场国家的货币涨幅更加可观。这将导致在经常账户方面的赤字急剧扩大，新兴市场的农产品轻工业产品和矿产品将更加便宜，中国的贸易逆差将会更加扩大，中国的外贸企业将再次遭受毁灭性打击，如纺织和服装等。

这样许多坏消息叠加，最可怕的情况就可能出现，如美国通胀率上升和就业水平的良好表现，可能会导致美联储开始收缩量化宽松，大量资金可能流出，巨额贸易逆差和资本账户的逆差，对人民币汇率构成威胁。

中国的决策层可能首先选择的是维持汇率的坚挺。这将通过两种方式：一是加息，留住资金；二是在外汇市场上消耗外汇储备，以维持人民币坚挺。以上两项中，可能加息很难实行，因为这样将可能导致经济崩溃。

但是，为了不导致资金流出过猛，央行也不敢降息。这样将可能在资金外流，外汇占款负增加的情况下，导致房价等资产价格的崩溃。

也就是说，政府即使付出资产价格崩溃的代价，也要保证人民币汇率，这或者就是此次亚洲金融危机给中国可能造成的影响。

这时候，应该采取的战略是提前刺破泡沫。风险先在内部消化，等到外部风险逼近时，内部经济已经在一个稳固的平台上，但是这又面临着国内的政治压力。

人民币升值过快？

最近几年进口商品比本地产品便宜成为商品世界的一大景观。

作为煤炭大省的山西，2013年以来进口量是出口量的四倍之多，这是一个颇让人困惑的现象。

中国的煤炭市场由于宏观经济下滑，需求减弱，严重的产能过剩，价格一路下滑，煤炭行业彻底进入冰冻期。但是，按理随着价格的下滑，需求会随之增加，但是为什么进口量与出口量相比会如此悬殊呢？

问题出在价差上，目前国外 5500 大卡进口煤相对于内贸煤的价差从 5 元/吨扩大到 15 元/吨。尽管随着煤炭价格下滑，冬季来临，电厂的需求开始上升，但正是因为这个价差，才使得国内煤的竞争力有限。

那么这个价差是如何形成的呢？专家的推测是，美国到中国沿海运价估计相当于包头到秦皇岛运价的 50%，而印度尼西亚、澳大利亚的运价更低，比把煤炭从山西运到沿海还便宜。

现在看来，远远高于国际市场的运费是中国国内煤价竞争力疲弱的一个重要原因。而运价高则包括高速公路的政府收费、铁路运费的高昂等，这中间重要的是人力资源价格的上升和行政管理成本的居高不下。

不过可以看到，目前国内和国外之间形成巨大价差的似乎不仅止于煤炭，其他大宗商品价格也存在国内外价差的现象。

最近几年，进口大米是一个很赚钱的生意。2013 年 5 月 13 日，美国农业部发布《全球大米供需报告》称，2014 年中国可能会成为世界最大的大米进口国，大米进口有望突破 300 万吨，

| 货币风暴

超过第一进口国尼日利亚。到 2013 年 5 月，从理论上而言，一吨进口大米最多可以挣一千多元。

不仅仅是大米，进口加拿大油菜籽到岸价每吨 4300 元，国内最低保护价 5100 元，每吨差价高达 800 元；棉花内外价差达 3400 元每吨，这还是 2013 年以来大幅缩小了以后的差距；小麦内外价差大约在每吨 200 元；白糖的内外价差也达到了 1000 元每吨左右。

分析师和媒体都把板子打到收储政策上，收储政策抬高国内价格固然是一个主要原因。不过我们发现，国家没有对煤炭价格采取收储政策，但是也存在一定的价差。这说明政府收储政策并非形成国内外价差的唯一原因，可能是被公众忽略了。

讨论国内外价差，不能不考虑的是汇率问题。从 2005 年到 2013 年汇改 8 年，人民币兑美元名义汇率升值 33%，实际有效汇率升值 34%。汇率升值的效果是国内的商品大约贵了 30% 以上，而国外商品价格大概便宜了 30% 以上，这可能是最近几年大宗商品内外价差急剧拉大的一个重要原因。

人民币汇率是否升值过快，或者已经超过该有的幅度了？

如果是在一个没有汇率控制的市场，也就是说如果人民币汇率是由市场决定的，是自由浮动的，大量的进口会削平大宗商品境内外的价差，而反映在汇率上，则必然是人民币的贬值。但是，中国目前的汇率政策已经被热钱所绑架：欲贬而不得。

在人民币汇率大幅升值的 2013 年 9 月，央行口径外汇占款比同期金融机构新增外汇占款 1263.62 亿元多出 1418.42 亿元，这部分差距主要来源于企业远期净结汇。同时，大量热钱进入境内套利，央行不得不印钞票购入这些热钱，导致人民币汇率最近大幅上涨，当年底就有可能破 6。

我们简单就大宗商品的国内外价差做个分析，人民币名义汇率如果长期被低估，国内工资和物价就会上升，最终实际汇率会得到调整。从 2012 年以来的情况，至少从大宗商品看，国内的工资和物价并没有上升，而是持续下降。当然，由于政府收储的作用，这个下降幅度还是比较小的。煤炭没有政府收储，自然其劳动力和价格都在下降，最近几年许多煤炭企业关闭停产，就是一个反映。

这说明在 2013 年，人民币汇率已经出现了过度升值的迹象。

而从以上现象可以看出，人民币汇率政策安排如果不适应市场变化，就会对国内外贸易产生巨大影响，而在大宗商品价格上，可能出现国内外的巨大价差；而政府的收储政策越来越板结，这可能会和死板的汇率政策一样对大宗商品产业造成毁灭性的破坏。例如，当政府的收储政策难以为继时，大宗商品是不是就是今天煤炭的命运呢？

人民币开始对内升值

人民币经过长期而持续的对内贬值和对外升值之后，到了 2013 年中期，人民币在对外的币值接近均衡状态或者升值过度之后，对内的币值正在走上升值之路。

人民币对外的升值，主要是相对于美元，到了 2013 年中期已经升值达 35%。而对内则主要是房地产等资产价格，房地产价格已经连续翻了至少六番以上。人民币对内过度贬值，2013 年走上了修复之旅。

人民币对内升值从 2013 年 6 月的钱荒初现苗头，接着在

| 货币风暴

2013年11月出现的债券市场大熊市体现无疑。表现为利率的大幅攀升，居高不下，国债价格大幅下跌，收益率上升，发债困难，筹资难度加大，信用债形同鸡肋，十年期国债收益率达4.7%以上，货币市场收益率曲线出现罕见的平坦化倾向。

市场上的表现是，利率攀升其实反映的是人民币对内的升值。按照中国目前的货币发行机制，外汇占款是货币供给之源，其次还有商业银行的信贷创造。2013年10月以前的几个月外汇占款大幅飙升，10月的外汇占款更是达到了4416亿元，即使9月的一千多亿，也是一个不小的数字。在央行停止逆回购的微小变动下，市场流动性就发生如此大的变局，因此，一定要从根上找原因。

我们观察最近几年宏观金融的变化，对国内而言，变化最大的就是人口增长的放缓，这是中国宏观经济最大的变局，将影响整个宏观经济未来的形势。

2012年我国老年人口数量达1.94亿，老龄化水平达到14.3%，2013年老年人口数量突破2亿大关，达2.02亿人，老龄化水平达14.8%，而预计到2030年，中国将成为全球人口老龄化程度最高的国家。

人口老龄化给宏观经济带来两个新的因素：一个是储蓄率的全面下降；另一个是潜在增长率的下降。

储蓄率的下降带来的必然是经常账户顺差的收窄，因为没有那么多储蓄用来支撑出口。有数据显示，中国贸易顺差与GDP比一度达10%，2012年这一比例降至2%以内。

潜在增长率下降会带来什么呢，就是产能过剩和大量的不良资产，因为投资收益率不能覆盖投资成本。人口红利的衰减，带来的是劳动力价格的上涨。投资项目在劳动力、环保、税收等成本方面负担加重，投资亏损面扩大，资金很难回流。商业银行为了掩盖不良资产攀升，只能通过借新还旧和展期等方式，这就进一步降低了货币流通速度，货币乘数变小，流动性生成机制出现问题。

也就是说，过去十多年政府主导的大规模投资，都是以过剩的储蓄率为背景的，但是当人口老龄化临近的时候，这些投资的收益率就会持续下降，更何况这些投资中很大一部分本身其收益前景就成问题。

我们从新增的外贸顺差中可以看出，经常账的顺差占整个顺差的比例正在减小，因此增加的顺差大部分出在资本项下，这部分资金大多是短期进入境内博取利差的热钱。

回头来说，人民币对内走上升值之路，其原因就是过去长期以来，国内为了拉动经济增长，采取低利率的方式为投资提供资金来源；而这种经济增长方式又受到了高储蓄的支撑。一旦高储蓄难以为继，人民币对内必然以升值的方式来矫正。

美元与人民币此消彼长

2013年10月以来，人民币势如破竹，10月18日连续第五天收创新高，中间价顺势突破6.14元大关，整周收升近0.4%。尤其是美国延后解决债务上限问题之后，人们开始对美元丧失信心，而将增长信心投射到人民币上。大多数观察人士认为，人民币年底会轻松破6。

| 货币风暴

外汇局 9 月的数据印证了市场对人民币的信心。当月，银行结售汇顺差环比 8 月大增 223%，9 月银行结汇 1656 亿美元，售汇 1388 亿美元，结售汇顺差 268 亿美元，为连续第二个月出现顺差。8 月仅 83 亿美元，而 7 月为逆差，显然，人们不愿继续持有美元，外贸企业结汇意愿很强烈。其中，9 月银行代客结汇 1627 亿美元，售汇 1310 亿美元，结售汇顺差 317 亿美元；银行自身结汇 29 亿美元，售汇 78 亿美元，结售汇逆差 49 亿美元。

人民币持续走强，表明央行对于人民币汇率的控制有所放松，原因有二：一是央行利用美元走贬，国际市场由于美国债务危机导致的美元信用缺失开始抛售美元，做强人民币，意图为未来人民币走向国际化打下基础；二是国内通胀率有所抬头，央行有意放松人民币升值，是为了阻止大量资金进入国内，放缓外汇占款的进一步增长。

美国新任美联储主席耶伦上台后，美国两党就债务上限问题还将持续处于胶着状态。美国经济复苏基本在高科技领域，在基本的服务和制造业仍然虚弱，而就业参与率未有大的改变，她必将继续采取宽松的货币政策，QE 退出的时间点更加遥遥无期，这对美元而言将造成长期的利空因素。

重要的还是美国人对债务的态度。

资料显示，2008—2012 年，联邦政府存量债务与财政收入之比由 4.0 倍上升至 6.6 倍；2008—2012 财年间联邦政府存量债务增长了 60.7%，而同期名义国内生产总值仅提高 8.5%，财政收入则下降了 2.9%。也就是说，按照目前的经济增长和财政收入状况，美国人是不可能还清债务的。联邦政府连"借新债还旧债"的模式都难以为继，连自身的开支都不能解决，"关门事件"足可以体现联邦政府面临的困境。而与此同时,奥巴马政府的医疗改革法案还在进一步增加联邦政府的开支,这个政策受到了在野党和共和党的阻碍,也是其反对提高债务上限的一个目的。将债务问题和两党政策争议问题纠缠在一起,让民众注意了党争,却忽略了债务问题的严重性。

共和党作为在野党,对执政的民主党就债务问题进行限制,其实是民主体制对政府开支边界的一个约束手段,但被大多数市场人士解读为两党混战,拖延债务问题的解决,而债务违约发生将可能产生无法估量的后果,谁也承担不起这个后果,社会压力过大。共和党人即使真心要解决美国债务问题,但是民众的误解和自身的压力使其不得不妥协,将债务问题愈演愈烈。

美国经济复苏如果进一步疲软,美国债务问题将一拖再拖,而美国类似债务上限谈判将一再上演,最终有可能违约,这对美元今后的走势将造成毁灭性打击。而欧洲经济如果能够进一步企稳,则资金有可能流向欧元市场,人民币市场也可能是未来资金选择的栖息地,也就是说欧元和人民币有可能成为避险资产。当然影响人民币汇率最大的因素还是国内的经济稳定和政治稳定。这一点,由于世界地缘政治发展的背景以及中国人自身的国民性格,至少在新一届领导任期十年之内,不会出现大的问题。

就本质而言,美国债务危机问题,是美国现有发展体制和国民创造财务能力萎缩的问题。美国人没有勇气精简政府机构、缩减开支,勒紧裤腰带还债,那么美元走势将不得不选择疲软。美元持续走强的行情已经中止,欧元和人民币可能再次走强,国际金融市场可能又会开始一个新的阶段。

| 货币风暴

汇率和利率"打架"

如果你想让人民币不再对内大幅贬值,人民币就必然对外大幅升值;如果让人民币对内大幅贬值,则人民币照样对外大幅升值。2005年汇改后到2013年人民币币值达到相对平衡,央行面临的就是这样的处境。

进入2013年12月,人民币的表现再次坚挺。该月10天内人民币兑美元中间价就已四次创2005年汇改以来新高,超出了所有人的预料。

人民币为何如此快速地升值,有些学者指出,是央行为了稳定宏观经济,留住境外资金,不得不让人民币汇率保持升值状态,这种说法是有问题的。

证据就是持续的贸易顺差扩大,海关总署的数据显示,当年11月贸易顺差达2089亿元人民币,创近5年来最高。

更为直接的证据是外汇局出手打击再度活跃的虚假远期贸易融资业务。2013年12月初外管局再度发文,打击无真实交易背景的虚假贸易融资行为,防范跨境异常外汇资金流动。外管局强调,对于远期贸易融资业务占比较高,并为涉嫌虚构贸易背景跨境套利的企业提供贸易融资服务的银行,要加大抽查、评估和处罚力度。

如此高的贸易顺差,进入境内的远期套利资金很可能是主要因素。这就是说,在人民币汇率的升值上,央行是被动的,它不得不出手采用打击虚假贸易的方式来狙击进入境内的热钱。

第一章 人民币升值歧途

从货币交易市场上看,对于境内热钱的持续流入有明白无误的证明。这就是外汇远期交易量的放量增长,2013年11月各期限外汇交易量均较此前放量增长,其中1周、1个月和1年期交易量明显较大,均在20亿美元—30亿美元;而10月远期合计交易量折合35.47亿美元,接近三季度合计的36.13亿美元。

外汇远期交易放量增长,参与交易的银行和企业可以延期购买和支付外汇,这样就使得资金可以长期停留在内地,一是赚取人民币升值的汇差,二是稳赚目前高企的货币市场利率。许多企业和银行为了达到以上目的,通过没有实业贸易背景的远期贸易融资的方式,进入境内套利。我们从这个事情上可以看出,进入内地的资金主体是中国的企业或者银行,其中占比最多的是港澳和华侨的资金。

这导致了中国人民币的持续升值,外汇占款和外汇储备大幅攀升,直接影响了货币政策调控效果,并在今后出现资金进出的大幅波动,给整个经济带来安全隐患。

那么怎么办呢?有人一直在说,是央行故意把利率抬得太高。如果货币政策松一点,利率就不会这么高,套利热钱就会减少,人民币升值压力就不会这么大。如果是这样,当然很好。

但实际的情况可能没这么简单,2013年的通胀还是相当让人吃惊的,已经连续几个月在3%以上,这还是在央行比较偏紧的货币政策、比较偏高的利率之下形成的,而房地产市场交易的火爆、价格的攀升,恰恰就与上一年的几次降息有关。

另外,产能过剩、债务过高,也是导致利率攀升的重要原因。资金被压在无效项目上,在资金链紧绷的情况下,国有部门已经对利率没有敏感度,这就导致了资金利率的持续攀升。

| 货币风暴

也就是说,央行想让人民币对内不再大幅贬值,只能采取偏紧的货币政策,但是这却导致了利率的抬高,吸引资金流入,抬升了人民币汇率。而如果央行放松货币,就可能导致人民币对内的大幅贬值,但是房地产价格攀升,经济数据火爆,投资热度再升,仍然在吸引着资金的流入,人民币还是照样要升值。

市场逐利资金不配合,就在人民币拐点来临之际,大量热钱流入,只能使拐点来临时破坏力更大。

总之,资金的流入还是央行稳定政策的结果,是一个"鸡生蛋还是蛋生鸡"的问题,这是人民币汇率最为纠结的时代。

第二章
预演贬值

初提"托宾税"

其实到了2014年,人民币贬值的预期至少在央行高层已经有所警觉,如果人民币贬值,必然出现资金流出,这对中国房地产等资产市场具有毁灭性的打击,那么如何应对呢?他们想到了"托宾税"。

2014年初央行副行长、外汇管理局局长易纲在《求是》撰文,文章的题目叫《外汇改革:一项重要而紧迫的任务》。在这篇文章中,易纲提出了几个令人重视的问题,这些问题攸关未来经济发展、投资市场平稳和企业盈利能力。

易纲说,我们在国际收支平衡上遇到了一个怪圈。2008年国际金融危机后,为应对发达经济体量化宽松货币政策带来的国际收支不平衡挑战,我国采取了"一揽子"综合性政策措施。例如,综合运用法定存款准备金率、央行票据等数量型对冲工具,抑制流动性过剩等;但是,我们并没有摆脱热钱的侵扰:发达经济体开动印钞机,超级量化宽松,然后热钱进入我国,

| 货币风暴

我们虽然成立了类似中投公司这样的财富管理公司去境外投资,但是收益并不理想。这反映我国国际收支出现了一定的问题,也就是"我国国际收支平衡的基础不牢固"。

易纲没有明说,我国国际收支不平衡如何不牢固,但是经过简单的推演就可以知道,我国国际收支中,资产是外币,也就是美元,负债是人民币,也就是老百姓的存款。这个国际收支主要的问题是货币错配,货币错配有什么风险呢?

中国社会科学院副院长李扬有过这样一段论述:如果一国的货币汇率以某种形式"钉住"美元,存在货币错配的企业或银行将感受不到汇率变动的风险,因此也不会有动机去控制和化解货币风险,由此将导致货币错配程度的积累和扩大。倘若这些国家变动货币汇率或改变汇率制度,剧烈波动的本币汇率将会迅速把货币错配的风险暴露出来,企业及银行的资产负债表将迅速感受到不确定的冲击。面对这种情况,发展中国家的政府只有两种选择,一是利用储备干预外汇市场,维持原有的固定汇率水平,以免货币错配风险暴露和蔓延;二是接手私人部门的货币错配,由政府来承担所有货币错配的损失。不管做出哪一种选择,最后都需要有巨额的外汇储备来做支撑——这也就顺便对发展中国家广泛持有大量外汇储备的原因给出了较为合理的解释。这种情景曾在1997年的亚洲金融危机中上演。

然而,问题在于中国的外汇储备能如此一直积累吗?显然不可能。最近几年随着中国宏观经济增长下滑,外汇储备的增速在放缓,而随着美国量化宽松政策的退出,这种积累在2014年达到顶峰,到了2015年开始一路向下。

易纲对于今后外汇管理体制的改革,提出了以下计划:深入研究"托宾税"、无息存款准备金、外汇交易手续费等价格调节手段,抑制短期投机套利资金流出入。扩大外汇市场开放,放宽交易范围,增加交易主体,丰富避险保值产品,逐步建成一个成熟发达的多层次外汇市场体系。

这里最关键的是所谓"抑制短期投机套利资金的流出入"。所谓热钱,无所谓长短期,只要资金在一个地方待着无利可图,它就会马上走人。如果这个地方经济前景好,投资收益高,短期套利资金也可能成为长期稳定资金。

中国的所谓热钱,就是最近几年流进中国的境外资金。这里有短期的套利资金,也有长期的投资资金,这个热钱的量有多大?笔者认为,外汇储备有多大,今后撤出中国的资金就有多大,还要加上这些资金进入中国后获得的投资利润的汇出,这个数字是大于3万亿美元的。当然,这要看未来中国经济结构改革的成果。如果未来中国经济改革能够形成新的经济增长点,境外资金投资收益率回升,则热钱撤出的规模就会少,而且有可能还会流入。

易纲在文章中说防止热钱的进出入,其实主要是防止流出。因为流入已经持续了多年,一个原因是央行没有可操作的手段;另一个原因是在防止热钱流入上也半推半就,最近几年几乎防止无效。因此今后主要是防止热钱大规模流出。

大规模流出会出现什么样的后果呢?中国的房价最近十多年上涨幅度较大,而价格的上涨最重要的一个因素就是外汇流入,央行以此为基础发行人民币。一旦这些资金再次流出,房价必然大跌,房价泡沫破裂,商业银行的不良资产将会膨胀,由房地产而导致的土地财政、政府债务等一系列行业都会歇菜,这就是所谓的金融危机。国际金融危机几乎大部分都是由房地产泡沫的破裂导致的。

何为"托宾税"？

托宾税在国内已经提出多年，许多学者早就建议在外汇管理上采用类似托宾税的工具。

托宾税（Tobin Tax）是指对现货外汇交易课征全球统一的交易税，旨在减少纯粹的投机性交易。该税种的提出主要是为了缓解国际资金流动尤其是短期投机性资金流动规模急剧膨胀造成的汇率不稳定。按照欧盟的方案，对衍生品征收0.01%，对股票、债券、基金份额、货币市场工具、回购协议以及证券借贷交易征收0.1%的税率，这将确保金融业为公共收入有所贡献。0.01%和0.1%是欧盟规定的最低税率，参与的国家可以依照实际情况自行调高。

作为间接调控经济的一种手段，托宾税管理成本相对较低，能够平抑金融市场的汇率波动。多个发达国家和发展中国家的实践证明，征收该税不仅降低了央行外汇冲销成本，还控制了外资流入的规模，基本实现了短期资本长期化的目标。

为何在此时，作为最权威的外汇管理部门负责人在2014年初要提出托宾税呢？这至少说明，央行对于国际收支形势、国际资本流向已经有了一个明确的判断。

从2013年12月美国开始每月缩减购债100亿，这意味着美国超级量化宽松政策正式宣布收场，此后美国经济无论是就业还是通胀，直至房地产市场都出现了明显的复苏迹象，作为经济晴雨表的股市更是屡创新高，这一切表明美国经济正在强劲复苏。此后果然美国不久就退出了量化宽松政策，并且在2015年10月启动首次加息。

这对国际金融市场产生了地震式的影响，美国利率上涨，美元进一步升值，美元资产的投资价值凸显。而此时正是中国经济结构调整之时，中国宏观经济的增长至少在最近几年没有见底的可能，进入中国的境外资金很可能大规模撤出，抛人民币，拿美元也许是理性选择。人民币汇率的下跌可能导致中国房地产泡沫的破裂，这是最需要警惕的情景。

因此，易纲提出托宾税，就是他提出的提前应对美国QE退出的所谓方案。

易纲在文章中提到了欧美国家超级量化宽松对我国国际收支产生的怪圈，他说："在应对危机过程中，出现了一个于我不利的'怪圈'。发达国家实行量化宽松货币政策，实际上是开动机器印钞票。其中一部分用于购买中国商品，国内大量价廉物美的商品流向国外，生产过程中的污染却留在国内，耗费的资源能源也记在中国头上。同时，我国经常项目和资本项目出现'双顺差'，外汇资金大量流入，银行、企业和居民都不愿持有外汇，就在市场上卖给中央银行，造成外汇储备增加。外汇储备虽能投资于海外资产，但因发达经济体实行量化宽松货币政策，投资经营和保值增值难度越来越大。虽经努力，部分外汇储备投资经营获得了较好收益，但总体讲投资环境并不乐观。"

易纲的这段论述，在货币专业人士看来有点轻微的阴谋论，

| 货币风暴

按照他的说法好像欧美量化宽松就是为了购买中国商品。事实是，我们不是持续受到美联储关于人民币汇率升值的强大压力吗？如果他们想要购买中国物美价廉的商品，把污染留在国外，耗费资源还记在中国头上，那他们何苦要对中国政府持续施压，让人民币升值呢？

反过来，中国人早就知道人民币汇率过低，导致中国出口飙升，中国的劳动力、资源能源以最低的费用输出国外，污染留在国内，那何苦不升值人民币汇率呢？因此有人怀疑这是否是易纲亲口所说。

笔者认为易纲如此表述，也许是言不由衷。他是用让非专业人士、一般大众容易理解的语言为自己和央行辩解，辩解什么呢？物价飞涨、货币超发、楼价泡沫、债务严重、污染严重等问题。说实话，这些问题不能由央行负责，但是故意将人民币汇率压得过低，故意限制人民币汇率弹性是主要原因之一；而这也是易纲在文中承诺今后要改变的，也是他为何说汇率管理改革"紧迫"的最主要原因。

对内贬值，对外升值

汇率是纲，当代中国经济体系中出现的所有问题，几乎都与当年采取的汇率制度有着千丝万缕的联系。中国的汇率问题不解决，中国经济将长期持续地处在不平衡中。

当然，我们之所以选择了这么一条汇率之路，主要是与经济发展的整体状态、国民对于国际金融和经济交往以及货币的理解、国家的体制有内在联系。

记得2005年前几年，关于人民币汇率是否升值在国内外争论极为激烈的时候，有好几位经济学家都主张人民币汇率应该采取浮动制，就是按照市场供需决定人民币汇率价格。任何制度都是一个权衡，都是选择最优化的结果，不可能有一个制度可以做到只有收益没有风险。如果当时我国采取这样的制度的话，面临的问题就可能是刚刚发展起来的沿海制造业出口企业面临大量倒闭的风险。

但是，当时就有坚持人民币汇率市场化的专家指出，如果人民币汇率不放开，未来我们面临的问题是对内的通胀，对外的升值，并且这种升值预期会愈加浓烈，导致要么人民币汇率升值，要么大量资金流入境内成为资产价格泡沫和通货膨胀，直到整个经济泡沫被吹得越来越大，越来越大，最终撑不住了，在央行也无法控制下，出现了一次大的泡沫破裂，整个经济出现一次"硬着陆"。只有市场自身通过一次强烈的自我释放，寻找自我平衡，才可能出现经济真正的平衡。这是一个极为惨重的代价。目前看来，我们正在往这条道上走。

当时主张采取人民币汇率由市场决定、采取浮动制的专家主要是梁红、谢国忠、高善文、宋国青等，此后，高层定调：人民币汇率制度坚持"三性原则"，即主动性、可控性和渐进性。在这样的思想主导下，2005年，央行开始实行人民币汇率小幅升值，宋国青说了这么一句话："人民币升值了天没塌下来。"不过此升值非彼升值，这种由央行控制的升值实质上是盯住美元的缓慢爬行。

多年的实践，在笔者看来有五个结果：一是在央行控制之下，

| 货币风暴

近几年人民币市场有了一定的发展,债券市场也有了一定的深化;二是持续强化了人民币升值预期,大量套利资金进入国内市场,而许多境内黑钱通过出国洗白后,进入国内成为热钱,这种资金正在成为"宏观炸弹";三是央行为了控制人民币按照自己设想的路径升值,持续买入美元、投放人民币,导致物价"脉冲式"上涨,而由房地产所形成资产价格的泡沫、基础设施的泡沫以及产能过剩危机,正在威胁着中国的宏观经济;四是人民币在汇率弹性缺失的背景下,中国经济的明显特点是内需不足,政府主导的投资已经成为穷途末路,中国经济走到今天已经失去了发展的内在动力,汇率问题不解决,这个动力问题就难以解决;五是庞大的产能过剩和外汇储备,形成了中国经济"双峰并峙"的奇观。

而反映在价格上,这种由政府控制的汇率,正是人民币对内贬值、对外升值的最主要原因。为什么这样说呢?有人为了说明这个问题,用了一个简单的模型。如果把国内外的货币比作一个水池,由央行控制的汇率,就相当于在这个水池中设立了一个挡板,一边的水位高,这是外汇,如美元价值相对较低,需求不足;而另一边水位低,如人民币价值相对很高,需求很旺。这种水位不平衡,导致水从高的地方往低的地方流,国内人民币开始缓慢升值,就会出现货币泛滥,资产价格膨胀。

那么我们能说是人民币升值导致了内贬外升吗?答案是否定的,是央行控制下的缓慢升值导致了这种内贬外升的现象。如果较早地采取人民币汇率的浮动制度,就可以较早地解决内外经济不平衡问题,由市场决定下的人民币汇率就可以调节池子里的水自动连续适时平衡,这就是为什么以上专家认为应该提早采取人民币汇率浮动制度的原因。

按照易纲的说法，2013年人民币汇率基本上已经达到了均衡局面。也就是在2013年易纲提出要扩大人民币波动幅度，但是这样的小小放松并未成形，这表明目前央行对人民币汇率是如何小心谨慎的。人民币汇率到了目前这种境地，稍有不慎就可能带来无法挽回的损失。

例如，央行最近几年一直在做的事是要实现资本账户的自由化，放松资本管制，这其实是实现人民币汇率市场化的基础条件，也是为了摆脱目前人民币只能升不能贬的困境。但是国内经济学家的反对声音此起彼伏，如他们认为，如果现在放开资本管制，在中国宏观经济下行、房地产泡沫严重的情况下，可能会导致资本大量外流，导致房地产泡沫破裂，形成巨大的风险。这种说法有一定的道理，也影响了决策层的判断。但回头也要想想，这是一个自我强化的过程，正是由于资本项下的管制，导致了房地产泡沫，那何时才是放松资本管制的合适时机呢？

其实，为了缓解目前的产能过剩和外汇储备过高所形成的财富浪费，政府最近几年也采取了许多办法，如促使中国企业"走出去"做投资，但是人民币的持续升值，使得这些投资收益往往被汇率升值所吞噬，因此中国企业的境外投资往往并不理想，现在"走出去"的劲头正在减弱。而正是由于大量产能过剩，中国生产领域的需求也不足，尽管人民币持续升值，进口增速却不强，导致境内资产泡沫依然严重。

在当下这个阶段，要解决人民币内贬外升的问题，还得走到老路上去，亡羊补牢，犹未为晚。放松资本管制，实现人民币自由兑换，构建市场化汇率机制。同时尽早推出银行破产制

| 货币风暴

度和存款保险制度，让过剩产能尽早退出经济领域，释放经济中存在的泡沫，包括房地产泡沫。而最紧的还是要顺势建立一个由市场决定人民币汇率的机制，这才是走出内贬外升困局最核心的路径。

是顺水推舟，还是半推半就？

人民币开打贬值第一炮，是在 2014 年 2 月 21 日，这是人民币升值几年后，第一次悄无声息地贬值。这一天，人民币兑美元尾盘跌至新低，当周跌去 2013 年升值的 1/4。当天即期交易市场收盘，美元兑人民币报 6.0914 元，盘中一度触及人民币 6.0930 元，为 2013 年 12 月初以来的最高水平，周四收盘价为人民币 6.0834 元。人民币兑美元当周以来已经累计下跌了 0.5%。

在 2014 年 2 月 21 日此前的几周里，由于美联储退出 QE 的预期，导致新兴市场国家货币纷纷大幅贬值，可以肯定此次人民币的贬值是新兴市场货币贬值的一部分，是国际金融市场波动的一个必然。但是此时市场研究人士几乎一面倒地说"NO"，这是央行的故意引导。在人民币升值过快的情况下，央行故意引导人民币贬值，是为了控制升值幅度，也就是央行在"浪遏飞舟"。

这些分析人士说，关于近期人民币贬值，他们分析不是 QE 缩减所致，很可能来自央行主动引导贬值预期，改变升值过快局面，扩大双向波动；又有人说，如果是央行主导，则反映出当前套利资金确实很大，使得内部资金过多，央行采取措施为了打击升值预期带来的无风险套利行为。

第二章 预演贬值

之后呢？再主导缓步升值，然后再主导一下贬值，然后再升？央行会不会太累？而这叫汇率双向波动改革吗？如今热钱本就短期化，进来多了，自然会推低短期利率，然后套利资金自然会流出，这不是市场的力量吗？其实当年2月顺差就是下降的，汇率下跌不是很正常？央行是顺势而为。这种说法认为央行在"顺水推舟"。

我们看看此轮人民币对美元的贬值是怎么发生的？先从市场的客观因素说。

一是在此之前，人民币兑美元汇率在香港人民币离岸市场已经连续贬值十多个交易日。2013年1月27日，人民币兑港元的汇价曾达到0.7785，但此后的十多个交易日，人民币离岸价格持续跌破0.78大关，2月2日低报0.7844，2月10日低报0.783。如以最大跌幅计算，短短10个交易日内，人民币兑港元的汇价就下跌了0.75%。香港人民币离岸市场是一个自由浮动的市场，反映的是投资者对人民币汇率的预期，这是央行所无法控制的。也就是说，人民币在岸市场的贬值是受到香港离岸市场影响的。

二是近期新兴市场货币是一个趋势。2013年8月，当美国宣布计划缩减QE后，作为新兴市场国家的印度尼西亚和印度股市、汇市暴跌，大量资金出逃，短短的2个月，印度卢比兑美元价格从53跌至68，跌幅达28%。2014年1月下旬，当美国宣布计划第二次缩减QE后，阿根廷央行放弃维持阿根廷比索汇价，一天之内，阿根廷比索暴跌11%。穆迪称，2014年之内阿根廷比索还将贬值50%。同期，南非兰特、土耳其里拉兑美元的汇价也暴跌，其中前者最大跌幅达4.5%，后者达3%。2月初，非美货币贬值浪潮延伸至富裕的产油国，2月11日，哈萨

| 货币风暴

克央行宣布,为了防止热钱撤离,哈萨克斯坦坚戈兑美元的基准价一次性下调19%。同期,乌克兰宣布,为了防止本币暴跌,将实施更严格的外汇管制。

三是国内经济,7个月低点的汇丰制造业PMI,继1月跌破"荣枯线"后,2月继续下行,跌至48.3。其中,各项分项数据皆跌破"荣枯线",反映出需求低迷背景下中小型制造企业生产经营活动放缓。其他无论是CPI还是PPI,都能看出中国经济需求在缓慢萎缩,而从PPI看,中国经济或许已经进入了长期的通缩状态。

四是更要引起警惕的是支撑中国经济半壁江山的房地产市场。2014年2月10日,新鸿基地产推出新界元朗住宅楼盘"尔峦"的货尾楼盘,价格为平均每平方尺9268港元,比2013年下降近35%。此前,李嘉诚旗下的长江实业在香港推出的新盘也降价25%开售。内地市场也出现降价迹象。有媒体报道称,恒大地产将在全国142个城市实行折扣优惠,通过恒大内部员工介绍可额外享受97折优惠。其中,恒大在郑州、合肥、沈阳的项目已经出现不同程度的优惠。最近又有报道称杭州某楼盘开盘即折价千元。而三四线城市最近又传出开发商跑路的消息,应该是楼盘卖不动,资金链断裂所致。

笔者多次强调,支撑中国楼市泡沫的不过是政府大规模投资对经济的拉动效应,如果政府在经济下跌时无动于衷,房价必然下跌,这是2008年后多次经济下滑后被成功验证的。此次经济下滑,政府动作相对迟缓,楼市已经开始松动。房地产更是人民币汇率的内在力量。

综合以上客观因素,在2013年全年凌厉地大涨3%以后,人民币汇率可能有客观上贬值的要求。在香港市场的带动下,投资者主动购回需求上升是有其逻辑基础的。

再从央行主观上看，央行有没有引导人民币下跌，我们首先要问的是，央行为何此时要引导人民币汇率下跌？2013年全年经济数据良好，资金涌入量很大，央行可以闲庭信步。现在经济实体面明显变差，尤其是新兴市场货币纷纷趋势性下跌，欧美经济转好迹象明显，央行要去引导汇率下跌，打击热钱？万一半推半就，引火烧身，跟随香港离岸市场一路贬值，导致中国房地产泡沫被爆破，那该如何是好？

市场人士对央行与人民币的关系判断有些神化。如果人民币强势上升，他们会说是央行为了稳定人民币汇率故意维持的；而如果人民币大幅连续贬值，他们又说是央行为了打击热钱，遏制套利行为。把一切现象都归为央行所为，难免简单化。

笔者认为，本次不论离岸还是在岸市场的人民币贬值主要都是因为投资者的主动交易行为，现在并不能判断今后人民币是否持续贬值，央行何时出手干预？但是此轮贬值，央行是采取了听之任之的态度。事实上最近两年央行在人民币汇率上基本是采取了任由市场主导的态度，央行入场干预的机会是逐渐减少的。这不仅仅因为央行领导多次如此重申，也因为由市场决定的汇率，能够引导国内金融机构更加理性地判断价格，这也符合央行一再重申的要建立市场化汇率机制的主张。

谁是人民币大跌500点的幕后推手？

2014年2月人民币连跌七日，央行对人民币下跌进行解释：

| 货币风暴

市场投资主体投资策略转换所致。许多人都认为这次由央行"主动引导"的人民币下跌,可能已经到了收手的时候,但是让他们没想到的是,更大的跌幅在2014年4月28日上演。

美元/人民币汇价截至2014年4月28日11:10已经大跌0.9%,突破6.18关口,报6.1808,大跌500点。下午外管局疑似介入,抛出美元,将汇率拉回,报了6.1545,仍然大跌253点。

其实,23日的大跌与之前有一个不同点是,前几日央行都把中间价设定在低于前一交易日的价位,而4月25日则将人民币参考汇率设定为6.1214。较前一个交易日的6.1224甚至还低了0.001%,但依旧没能抵挡住市场做空人民币的热情,开盘后汇价直接击穿关键支撑位。

这可以表明,如果央行此前是主动引导人民币下跌以狙击热钱,对套利资金进行打击的话,那么到了2014年4月25日,央行可能开始收手,要稳定人民币汇率了。如果单纯为了打击套利资金,而在市场上形成做空预期,则可能会导致资金集中流出,对人民币汇率造成重大威胁,代价就更大了。

那么如果不是央行主动引导,又是什么力量导致人民币的大跌呢?有人认为日元套利交易大幅度退潮是背后力量。

以下是网易财经的相关报道:

他们认为,周五人民币即期汇率大幅贬值的一个重要幕后推手,是人民币—日元套利交易正在大幅度退潮。

"最近一两天,多家对冲基金都在卖出人民币兑换成日元,归还银行的日元贷款。"一位外汇交易员透露,仅他经手的数额,已接近上千万美元。但人民币—日元套利交易的整体资金规模已经超过百亿美元。

第二章 预演贬值

长期以来，由于人民币存款利率较日元（零利率）高出约3%，令大量对冲基金以极低融资成本拆入日元，兑换成人民币存入银行或投资理财产品，套取3%的利差收益。加之人民币兑日元处于升值通道，人民币—日元套利交易的无风险年化收益接近4%。

这位外汇交易员认为，人民币—日元套利交易大幅度退潮，除了周五人民币即期汇率大幅贬值压缩利差收益，另一个不容忽视的原因，则是日元近期重新迈入升值轨道，令上述套利交易的日元融资成本大幅提高。

2014年2月18日，CFTC最新的外汇持仓报告显示，投机者持有的日元净空头头寸降至37429手（10万日元为1手）。较2013年12月初的101900手，降幅超过60%，导致2014年以来日元兑美元汇率上涨约2.8%。"人民币—日元套利交易的利差收益一般在3%—4%，若将日元升值幅度与周五早盘人民币贬值叠加，套利交易一下子损失4%—5%，有些对冲基金只能认赔出局。"这位外汇交易员称。

这些套利资金不计成本地大幅撤离，无形间推倒了市场看涨人民币单边升值的最后信心，引发其他套利资金迅速止损离场，进一步压低了人民币即期汇率。这些外汇交易员还认为，周五人民币即期汇率大幅贬值500个基点，不排除是央行打击无出处投机性套利资金的新举措。

我们认为这种说法有一定道理，日元套利交易者就是俗称的"日本大妈"，由于日本长期实行极度宽松的货币政策，而境内利率极低，缺乏好的投资渠道，于是"日本大妈"取出日元兑换成美元后在世界各地游走，哪里有利润就往哪里跑。

打开日元兑人民币走势图，可以发现人民币兑日元最高位

| 货币风暴

是 2011 年 9 月的 8.3770，此后"安倍经济学"实行季度宽松货币政策，日元开始对人民币升值，到 2012 年 4 月已经升值到 6.0022。

而又是什么原因导致日元对人民币升值的呢？很显然国内宏观经济预期是他们开始大举撤退的主要原因。在这方面我们有多次论述，这里不再赘言，只是粘贴我认为说得有道理的专家的意见，大家可以参考。

中国人民大学教授涂永红认为，这次人民币贬值是市场的一种正常反映，是央行减少行政干预，逐渐交由市场决定的信号。她分析，人民币下跌的主要原因是：最近中国的出口贸易额下降，处于经历过上一年第四季度出口高峰后的淡季，这种出口贸易的差额影响了汇率走向；另外，前段时间楼市降价风波引起了市场担忧，产生了唱空中国的言论，而且投资者前期套利的资金，现在要获利回吐，再加上美国 QE 退出，资金回流。可以说，这次下跌完全是由市场决定的。

我们认为，人民币此后的走势将会逐步稳定下来，因为央行不可能看着人民币如此走贬，手里拿着庞大的外汇储备不使用。如果人民币走贬形成预期，连手里的外汇储备都要跑没了，不仅是财富的浪费，而且可能会对目前已经危如累卵的房地产市场造成较大的抛压潮。

不过从长期来说，人民币走向贬值是肯定的，随着欧美日经济的复苏，利率必将跟着抬升，资金将会投资这些币种的资产。不过美国的复苏也不会一蹴而就，人民币贬值的到来可能还需要一段时间。

但是，对于央行而言，如果很快就停止了贬值，将前功尽弃并鼓励投机者继续疯狂炒作人民币升值。如果央行一直要与热钱"捉迷藏",央行注定会失败。有人说,6.2附近有大量做多人民币头寸,央行如果还不让步的话,打破6.2大关后,央行依然面临两难,继续贬值,看空者反而会看多;停止的话,同样会有看空者转为看多。

人民币汇率和地产公司债务

2014年3月中旬,央行正式推出人民币汇率扩大波幅后,人民币汇率竟然连续大跌。2014年3月18日下午,人民币兑美元即期汇率收盘报6.1920,较上一个交易日收盘价6.1781贬值139个基点,刷新逾11个月低点,最近两个交易日共贬值424点。

值得注意的是,市场上一改此前普遍看多人民币,现在竟然大多都转而看空了,而且理由也都很充分。德国商业银行分析师Ashley Davies表示,人民币近期受到信托产品的不确定性和公司债违约的影响,可能会持续疲弱一阵子,预期至第二季底,人民币汇率将趋稳。Ashley Davies预计,美元/人民币二季度末为6.15,并将在2014年末预期从原先的5.7调整至6.0水平。

摩根士丹利认为,人民币进一步升值的空间非常小。近年内地工资增长已超出生产率增长,相信美国与中国有关异差的趋势已出现反转,故未能支持人民币兑美元的进一步升值。

巴克莱银行在分析报告中称,"中国近期宏观经济较预期疲弱,且市场亦担心信贷风险,人民币兑美元未来一个月走势偏于下行"。未来一个月人民币的贬值压力预料将有所加大。

| 货币风暴

你会奇怪，央行的一个行为，让市场的预期发生了如此大的变化，可见市场预期是如此捉摸不定。不过，现在最为惧怕人民币贬值的并非市场投资者，而是中国的房地产公司。

英国 Dealogic 市场调查公司的数据显示，截至 2014 年 3 月 6 日，中国房地产业的未偿还美元债务总计 459 亿美元。中国开发商 2014 年已发行 79 亿美元债券。瑞士信贷银行分析师杜劲松说："大部分中国开发商严重暴露于美元债务之下，美元债务占他们总债务的 90% 之多，没有套期保值。"杜劲松还说："人民币贬值 5% 至 15% 就可能使开发商的收入减少 1% 至 74%，净资产负债率上升 0.3 至 21 个百分点。"

为什么会出现这种情况？因为近几年中国政府一直调控房地产市场，对于房地产公司的融资采取了严厉的限制政策，不仅境内的商业银行被限制给房企贷款，而且在股市债市等其他融资手段上也有限制。房地产公司为了持续其在境内的高利润业务，不得不四处融资，寻找资金。其中一个选择是在境内通过信托和银行理财产品寻找高收益率的资金；另一个就是通过投行在境外和香港发行美元债券或者上市融资，几乎中国的大多数房地产公司都有过美元的融资需求。

而美元的融资成本是非常低的。2008 年金融危机后，欧、美、日国家为了拯救濒于崩溃的金融业，进行了超级宽松的货币政策。美联储连续三轮量化宽松，市场利率降低为零，这使得美元的融资成本非常低。如果一个房企在香港融得资金，进入境内后通过商业银行兑换为人民币，不仅可以得到经营的利润，而且可以在兑换成人民币后存放在银行里赚取利差收入。并且由于人民币相对于美元的持续升值，还可以稳赚汇兑收入。

这是一个稳定而轻松的营生，也是最近几年短期套利资本进入境内的一个主要逻辑。

如果人民币贬值5%，那么国内房企所发行的美元债成本也会上涨5%，人民币扩大双向波幅，则一年贬值5%是完全有可能的。如果这些房地产企业没有在市场上对其汇兑风险设置必要的风险管理措施，那么对于一些本已负债累累的企业来说，债务风险会非常大。

新一届领导上台后，由于宏观经济增长压力加大，政府总体上对房企的限制是逐渐放宽的，这就导致2013年以来政府卖地财政变本加厉，而房地产企业也是以高价拿地。但是地价是跟房价走的，房价是跟经济走的，如果经济下行趋于明显，房价就可能下行，房子卖不出去，地价就马上下行，这是最近两年房企高价拿地最大的风险。如果地价下行，其融资成本更大，再加上人民币贬值的汇兑风险，这些房地产企业将会雪上加霜。

央行也在当时关于扩大人民币波幅的答记者问中表示，2013年我国经常项目顺差与GDP之比已降至2.1%，国际收支趋于平衡，人民币汇率不存在大幅升值的基础。同时，我国财政金融风险可控，外汇储备充裕，抵御外部冲击的能力较强，人民币汇率也不存在大幅贬值的基础。双向浮动意味着人民币汇率短期内的升值和贬值都不能简单地归结为某种趋势，而应当更加关注中长期的趋势。随着汇率市场化形成机制改革的推进，未来人民币将与国际主要货币一样，有充分弹性的双向波动将会成为常态。

这里的"财政金融风险"主要是说当下是可控的，但是这种情况是变化发展的。财政和金融是一体两面，财政不稳反映在金融上就是坏账，金融乏力反映在财政上就是缺资金。最关键的还

| 货币风暴

是经济发展，如果经济发展出现长期的停滞或者衰退，这些风险都可能发生，如现在地方融资平台较明显的问题就是财政问题；而某些国有企业产能过剩负债过重的问题，既是财政问题更是金融问题；房地产泡沫的问题实质上还是金融问题。这些问题如果出现共振效应，就可能导致人民币汇率的失控局面，这时候大幅举借美元债的房地产企业就会出现较大的危险。

人民币汇率和房价是什么关系？

2014年4月下旬，人民币大幅贬值0.89%。2012年以来，贬值超过1.3%，持央行主动引导人民币贬值以打破单边升值预期并狙击热钱的说法也沉寂了一下。

与此同时，从2014年2月作为房价一线城市杭州的房价打折销售，其他一些三四线城市也出现了房价下跌。2月房地产销售的数据已经出来了。3月1日，克而瑞信息集团(CRIC)、易居房地产研究院、中国房地产测评中心联合发布2014年1月"中住288指数"。报告显示，2月全国楼市交易价格涨幅第4个月回落。

具体看2014年2月，一手房价格288指数为1097.7点，较上月上升3.8点，环比上涨0.35%，涨幅较上月缩小了0.10个百分点，同比上涨9.08%，全国一手房交易价格指数涨幅持续收窄，环比和同比增速已连续四个月回落。中国城市住房（二手房）价格288指数为1076.5点，较上月上升8.4点，环比上涨0.79%，涨幅较上月缩小了0.03个百分点，同比上涨7.37%。二

第二章 预演贬值

手房价格60指数环比数据一年来虽均保持上涨态势，但近几月涨幅持续缩小，全国二手房市场整体发展较为稳定。全国31个省级行政区域中，一手房交易价格指数环比下降区域增加至11个，分别为重庆市、江苏省、湖北省、安徽省、浙江省、湖南省、西藏自治区、黑龙江省、青海省、宁夏回族自治区和山西省。

从数据上看，房地产价格尽管涨幅收窄，但房价基本还处在一个稳定的状态。

但是作为投资，不仅要看当期数据，而且还要通过当期数据判断未来走势，因此我们对于人民币汇率和房价之间的内在逻辑关系就有必要做一个梳理。

对于这个问题，我们认为，人民币汇率决定于中国房价，而中国房价也决定于人民币汇率，这是一个硬币的两面。人民币汇率和房价这两个看似很遥远的东西现在成了一体两面，这主要决定于中国本世纪初以来采取的货币政策和房地产政策。

先说货币政策，中国的货币发行机制基本上是盯住美元的政策，也就是争取与美元绑定，美元成为人民币币值的抵押品，这是由中国在本世纪初以来大量的外贸顺差决定的。外贸顺差赚取的美元被央行悉数买下，然后央行印人民币给外贸出口商，这就让人民币汇率和美元结成一个固定的关系。这种局面在2005年遭到西方国家的反对，因为大量的顺差商品进入欧美，据说对其就业造成了影响；而这种模式也让央行货币政策失去了独立性，央行只能跟随美联储走，长期下去很容易导致资产价格泡沫和物价通胀。

所以，中国2005年开始了汇率改革，人民币兑美元开始缓慢升值。尽管如此，由于经济发展的对外依赖症难以消解，货

| 货币风暴

币发行后形成了庞大的储蓄,可以让政府进行大规模的基础设施投资,所以绑定美元的货币发行机制并未有任何改变。

这形成了中国经济基本发展的内在逻辑,人民币对美元的依赖,不仅仅没有消解反而加剧了。更由于每年无风险的3%到5%的升值,为短期套利资金进入中国提供了巨大的利润空间。同时,由于中国经济的超高速增长,套利资金进入中国还获取了其他收入。尤其是2005年之后,中国房价开始起飞,到现在已经翻了六番,这一部分资金直接进入房地产市场获取稳定收入,直接导致了中国房地产市场泡沫的扩大化。

持续流入的资金都由央行悉数买下,然后印刷人民币投放市场,就是所谓的外汇占款。外汇占款导致中国物价最近多年呈脉冲式上涨。不过由于周小川所谓的"池子论",部分以存款准备金的形势储存了下来,通货膨胀的问题不是很严重。尤其是近几年宏观经济下滑,还出现了一定的通货紧缩,但是中国的房地产却是持续地发烧。

再说说中国房地产的基本制度。中国房地产有两个基本制度:一个是房地产的彻底市场化开发,开发完全交给民间机构,商业化运作;一个是土地的政府出让,政府通过一级市场从农民处低价拿地,二级市场上高价拍卖,基本态势是价高者得。土地价格被炒得无以复加。这里还有一个重要因素是金融的政府监管和运作的商业化,居民和企业储蓄资金大量进入房地产开发和按揭贷款。

前面我们讲到了通过汇率制度形成庞大的流动性,这些流动性通过居民存款和企业存款形成庞大的储蓄,这部分资金必须被花掉,不然会对银行造成大负担。因此政府通过土地拍卖的方式把企业存款和居民存款,通过银行以按揭贷款和土地出让金的方式收归政府手里，当然还包括税收和各种行政费用等。然后政府从 2006 年前后开始了大肆的基础设施投资，尤其是 2008 年的四万亿元开始，整个中国的货币市场呈翻腾的形势。这一方面是由于货币制度形成的庞大流动性提供了基础货币；另一方面是由于政府的投资带动了各产业的兴旺，商业交易极度兴旺，从而让货币发行呈几何级数增长。这就是 M2 在 2014 年跨一百亿的原因。

这一切能够得以持续，在实体经济方面有两个因素：一个是持续的经济增长，一个是外贸顺差的持续增长。而这两个增长从 2012 年开始出现疲软，笔者在这里不再细说，各种文章论述很充分。简单说就是，制度红利的消失，人口红利的消失，技术创新的缺失，粗放式发展已经到了不能持续的地步，如难以忍受的雾霾、庞大的产能过剩和政府债务。

如果这两个因素不能持续，则人民币汇率升值和房价上涨之间的链条就会被打断，两者之间就会形成相互加强的关系。人民币汇率的下跌导致资金出逃，资金出逃导致房价下跌，而房价下跌更加强了资金出逃，资金出逃更是导致人民币汇率下跌的直接原因，这样就形成了一个恶性闭环。

中国式 QE 和人民币汇率的困境

2014 年 4 月 27 日，人民币汇率再度出现大跌，盘中最大跌幅 256 点，跌至一个月新低至 6.2207 元，日内跌幅 0.41%，创 2014 年 3 月以来最大单日跌幅。而当日人民币兑美元中间价报

| 货币风暴

6.1220，调高 21 个点，为 1 月 16 日以来最高。

2014 年 4 月 28 日周二，人民币即期汇率市场仍然动荡，盘中一度维持下跌；而这两日央行给出的中间价均是小幅上涨的。笔者认为，人民币经过短暂的反弹之后，大概率可能是人民币将再次走上贬值的道路。其中最重要的原因是中国监管层正在酝酿实施的量化宽松政策，也就是所谓的"中国式 QE"。

当时最受人们关注的事件是外媒报道的央行将可能实施中国版 LTRO，其实是模仿欧洲 LTRO 的方式帮助银行消化掉巨量地方债的供给。

为什么央行刚刚实行了规模空前的量化宽松后，仍然要实施这样的放水政策呢？因为必须这样做，形势所迫。财政部此次推出的 1.6 万亿的债务置换，仅仅是 2014 年到期的地方债务的一小部分。官方的统计是 2014 年到期的债务达 2.8 万亿元，而有市场机构测算的地方债到期量是 3.8 万亿元—4 万亿元。这两个数据，我们虽然不能确定谁更靠近真相，但可以肯定官方的口径是不足的，因为有许多地方债务没有纳入审计署的审计。按照楼继伟的说法，还要继续进行债务置换，但即使几年再有一个 1.6 万亿，也无法置换完所有债务。那么怎么办？央行直接出售购债成为必然的选择。

当然方式可以多种多样，如商业银行可以拿地方债务的额度抵押给央行，由央行释放流动性。还有一种说法是，银行按照购买地方债的额度，由央行注入流动性。无论怎么说，这些方式都与再贷款等印刷基础货币的方式没有本质的区别。

更为重要的是，过多的发债额度，事实上加剧了发债难度。由于地方债收益率仅比国债高一点点，商业银行显然不愿意购买这些地方债，所以此次债务置换在初期便遇到了麻烦，监管层以 2013 年的经验为依据，过于乐观。其实，2014 年的市场环境大异于上年，2013 年商业银行的不良资产还没暴露，商业银行存款也比 2014 年多，而且商业银行可投资的资产也没有 2014 年多，2014 年股市火爆，权益类市场成为银行新的盈利来源，少得可怜的地方债收益率就不在商业银行眼里了。

而且如果银行购买了地方债，则其有限的资金在其他领域就没有可以配置的了，这样做会形成与预期相反的结果。有效率的需要资金的企业得不到资金，大多数资金被配置给了地方政府，这显然不是监管层愿意看到的。因此，央行的财政货币化，即加大货币发行，就成为必然之选了。

事实上，央行的宽松政策此后还持续多次，降准降息多次，但是，由于人民币目前不是国际货币，在国际上的运用十分有限。不同于其他央行的是，中国央行大规模的宽松政策，在经济持续下滑、短期难以改观的情势下，必然对人民币汇率构成威胁；而中国为了稳住人民币汇率，也必然要通过汇率市场抛售外汇储备来维持，这样一来，做出牺牲的就是外汇储备了。

从"内贬外升"到"外贬内升"

人民币已经十多年处在长期对内贬值、对外升值的单边形势中。对内贬值，就是资产价格的泡沫，尤其是房地产价格的泡沫严重，以及物价水平的单边上升；而对外升值，则表现为从 2005 年央行进行人民币汇率改革后，到 2014 年 3 月已经升值 35%。

货币风暴

对内贬值的问题，主要是外贸顺差的大幅攀升，进入的美元被央行悉数买下。央行为什么要买下这些美元呢？是因为要控制人民币升值幅度，这导致了人民币长期的内贬外升的格局。这种格局实质上是通过央行对货币价格的调控，从而实现对国民财富的重新分配，如房地产价格的攀升，导致土地价格的上涨，从而让政府和房地产老板等从中获得了极大的财富。而维护外贸顺差，则让出口部门获得了非出口部门的财富，也就是非出口部门的财富被分摊给了出口部门，这中间国民财富的损失，主要表现为过多外汇储备的累积，长期这样下去对整个宏观经济的运行都会造成潜在的危害。

而这种趋势可能就在2014年发生了彻底的改变。2014年央行扩大了人民币的日间波幅，而那一波贬值幅度也是2005年汇改以来所未见的。可以肯定，随着中国外贸顺差的逐步缩窄、对外升值的单边行情，人民币已经长期进入贬值通道。

对内的升值也正在开始。人民币对内升值从2013年6月的钱荒，接着在11月出现的债券市场大熊市体现无疑，表现为利率的大幅攀升，居高不下，国债价格大幅下跌，收益率上升，发债困难，筹资难度加大，信用债形同鸡肋，十年期国债收益率达4.7%以上，货币市场收益率曲线出现罕见的平坦化倾向。

市场上的表现是，利率攀升其实反映的是人民币对内的升值。人民币为何会对内突然升值呢？这是一个最近市场上争论非常大的问题。

按照中国目前的货币发行机制，外汇占款是货币供给之源，其次还有商业银行的信贷创造。我们发现，最近几年宏观金融的变化，对国内而言，变化最大的就是前文所述的人口增长放缓的问题,这是中国宏观经济最大的变局,将影响整个宏观经济未来的形势。

人口老龄化给宏观经济带来了两个新的因素:一个是储蓄率的全面下降;另一个是潜在增长率的下降。储蓄率与潜在增长率的双重下降,对中国经济将产生何种影响,这里不再赘述。总体来说,人民币对内走上升值之路,原因就是长期以来,国内为了拉动经济增长,采取低利率的方式为投资提供资金来源。而这种经济增长方式又受到了高储蓄的支撑,一旦高储蓄难以为继,人民币对内必然以升值的方式来矫正。

市场主导了人民币贬值

2014年那轮被国内外舆论密切关注的人民币贬值,人民币兑美元的即期汇率已经从6.0400达到最高6.2323,几乎贬值了2000个基点。

央行到底有没有大规模干预市场的嫌疑呢?我们看2014年4月9日的媒体报道。易纲在一个内部研讨会上畅谈舆论对货币政策的一些误解,其中就提到了人民币汇率问题。易纲有这样一段表述:"尽管所有的文件和决策都同意由市场来决定汇率波动,但实际上我们真的增加了市场的自主性时,却受到了很多抱怨。在升值时人们认为不好,会抱怨伤害出口;现在突然贬值人们也认为是不好的,不利于建立信心。如果要听这些舆论的话,那么就完全没有波动了,又回到盯住美元的时期。"

易纲这里提到了"增加市场自主性",这显然说的是此轮

| 货币风暴

贬值，央行领导现身说法，有些人还坚持己见。

其实，关于人民币汇率贬值的原因，周小川在2014年"两会"上曾有过一个暗示性回答。他说："有些人已经观察到一个现象，就是最近四五年的一个规律，第一季度贸易顺差是减少的，甚至有些月贸易会出现逆差的。"接着，当月公布的2月单月的货物贸易是逆差，这证明了此次人民币汇率的贬值主要是市场所为，央行没有进行大规模干预，最多也就是乐观其成吧。

2012年，我国初步呈现出"经常项目顺差、资本和金融项目逆差"的国际收支平衡格局；但2013年，我国则重回经常项目和资本项目双顺差。

2013年我国经常项目顺差1828亿美元，较上年下降15%；而资本和金融项目顺差3262亿美元，上年则为逆差318亿美元；国际收支总顺差5090亿美元，较上年增长1.77倍。

其中，经常项目与直接投资差额之和依然较大，2013年为3678亿美元，与2009—2012年年均值基本持平。非直接投资，包括证券投资和其他投资的资本流动由逆转顺，2013年顺差达1382亿美元，相当于GDP的1.5%，而2012年逆差为2123亿美元。

以上数据特别值得重视，2012年出现了资本和金融项目逆差，这是什么原因造成的呢？大多数人的分析是，2012年欧债危机爆发，欧洲出现货币紧缩，许多资金从国内撤出进入欧洲，这是2012年资本和金融项目出现逆差的主要原因。

2013年金融和资本项目转为顺差，而且是大幅增长，2012年金融和资本项目逆差是318美元，反过来2013年顺差达到了2362亿美元。这个增幅巨大，主要原因是上一年全年出现了新兴市场经济体的疲弱,有些国家出现了货币危机,避险资金从这些新兴市场经济体中撤出,进入中国以博取利差。这个现象从数据上就能看出来,非直接投资,包括证券投资和其他投资的资本流动由逆转顺,2013年顺差达1382亿美元,相当于GDP的1.5%,而2012年为逆差2123亿美元。

我们发现2013年经常项目顺差只有1828亿美元,较上年还下降了15%。也就是说,2013年国际收支顺差5090亿元的增量主要是金融和资本项目的增量贡献的,而在资本和金融项目中,贡献最大的却是证券投资和其他投资的资本流动。可见进入中国的短期套利资金是多么盛行。

这也进一步说明,2013年实现双顺差从表面上看对人民币造成了升值压力,但是从结构上看,这个压力是极其脆弱的,基本上是由短期套利资金所为。

所以,外汇局就在这个报告中预计,2014年经常项目有望保持一定规模的顺差,与GDP之比有望保持在国际公认的合理范围之内。其中货物贸易仍将是主要的顺差来源,作为我国传统出口市场的发达经济体表现将好于2013年,有助于我国出口需求的改善。同时,我国经济将保持平稳增长,全年目标为7.5%左右,再加上国际大宗商品价格上涨动力不足,我国进口增幅还会相对稳定。

但是资本和金融项下将给宏观调控部门带来不小的压力。资金流入的压力主要是:一是国内经济基本面持续较好,市场潜力依然巨大,全面深化改革积极推进,有望进一步提振国际投资者信心,继续吸引长期资本;二是主要发达经济体维持低利率货币政策,将使得国内外维持正向利差,在"本币资金贵、

| 货币风暴

外币资金便宜"的情况下,境内企业仍存在"资产本币化、负债外币化"的财务运作倾向;三是近一段时期部分新兴经济体因自身问题出现金融市场波动,我国抵御外部冲击风险的能力显得更加突出。

但是,导致流出的因素也同时存在。从外部看,美联储退出量化宽松货币政策本身就会被市场反复炒作,其负面影响也将逐步累积,新兴市场可能再次震荡并波及我国;从内部看,我国将进一步提高对外开放水平、推进人民币资本项目可兑换、改进人民币汇率形成机制,有利于跨境资金流出入的均衡发展。随着人民币汇率逐步趋向合理均衡水平,跨境资金双向波动也会增强,而且我国经济金融运行中还存在一些需要积极化解的问题,比较容易受到市场关注。

我们发现,2012年5月到8月之间,人民币相对美元也有一波比较凌厉的贬值,贬值幅度达一千多点;而这时候正是欧债危机加剧,资金流出国内之时。

因此,从这两次人民币汇率贬值来看,市场力量起到了主导作用。而就未来而言,人民币汇率决定于美国何时加息并退出量化宽松,如果美国很快加息,再加上中国宏观经济不稳定,就可能导致人民币贬值的趋势。

外币存款何以暂时猛增

2014年人民币汇率形势的暗流涌动,反映在金融市场上,则表现为外汇存款突然猛增。

第二章 预演贬值

2014年6月,外汇存款突然飙升,这个数字变动值得重视,6月末外币存款余额5936亿美元,同比增长34.5%,上半年外币存款增加1286亿美元。

我们看2013年同期的数据,2013年6月末外币存款余额4415亿美元,同比增长9.0%,2014年上半年外币存款增加313亿美元。2014年的增量是2013年同期增量的四倍。

这是怎么实现的?我们知道2014年的汇率政策最大的一个变动是,2014年2月人民币汇率突然进入贬值,经过三个月的贬值,人民币贬值大约3%,随后进入窄幅震荡,大概稳定在6.20和6.26的通道震荡。

对于人民币汇率在2014年2月的贬值,市场判断声音有截然两种。一种是主流经济学家的观点,认为2月的贬值,是央行故意所为,是为了改变人民币单边升值预期,并狙击进入境内套利的热钱;而我们认为,央行当然是认可人民币贬值的,但是主要原因还是市场的力量,市场预期的变化。市场预期的变化则来自国际收支形势的变局,中国持续多年的"双顺差"局面正在收敛,而国内宏观经济进入下行通道对人民币汇率造成根本压力。人民币单边升值的行情不再,再加上美联储退出QE的步伐加快,并有可能进入加息通道,美元和人民币的汇率可能出现大的变动,这些市场因素和央行的判断促成了当年2月人民币的贬值。

其实,对于人民币汇率,央行2014年上半年采取的态度可能还是相对比较超脱的,也就是日常的干预越来越少。例如,2014年7月7日央行公布的最新资产负债表显示,5月央行口径外汇占款余额27.3万亿元,较4月末仅增加3.6亿元,新增

| 货币风暴

规模环比骤降 99.57%。这个数据透露出的最明显信息，就是央行可能在整个 6 月基本退出了常态化干预。

央行也表态要逐步推出常态化干预，这些都导致了人们对人民币汇率预期的改变。人们的持汇意愿增强，外币存款自然出现大涨的局面。

尽管美国经济正在强劲复苏，但是中国的外贸形势却不容乐观。从 2014 年 6 月进出口看，6 月出口同比增长 7.2%，与 5 月 7.0% 的增速相差不大，但低于 11.0% 的预测，也不及 10.7% 的市场预测均值。同月，进口增速同比由前月的 −1.7% 改善至 5.5%，也比 8.0% 的预测数字略低。

由于国内经济增速低迷，需求疲弱，大宗商品进口下滑严重，中国进口将持续疲软，外贸顺差将处于较高水平，进入的外币资金仍然较多，如果央行仍然维持目前较少干预的动作，外汇占款可能还将维持在低位，外币存款也会出现高速增长。

资金再流出迹象明显

从 2014 年 5 月的数据看，资金流出迹象明显，1—5 月，实际使用外资金额 3010.9 亿元人民币（折合 489.1 亿美元），同比增长 2.8%。5 月当月，实际使用外资金额 86 亿美元，同比下降 6.7%。而中国实际使用外资从 2014 年 1 月 107 亿美元之后，剩下的几个月几乎都是逐级下降。这个下降幅度仅次于 2011 年 12 月 12% 的下降幅度。

而中国人民银行发布的数据显示，中国 5 月外汇占款为

295407.78亿元，环比增加386.65亿元，为连续第10个月增长，但增幅较4月大幅下降66.93%。

2014年前4个月金融机构新增外汇占款分别为4373.66亿元、1282.46亿元、1892.97亿元、1169.21亿元。虽然还处于增长区间，资金呈净流入状态，但是增量下滑较大。

2014年6月16日，国家外汇管理局公布5月银行结售汇数据。数据显示，当月结售汇顺差为241亿元人民币（等值39亿美元），环比下降59%以上，而此前4月结售汇顺差就已经创出新低。5月继续下滑的结售汇数据显示，市场上的结汇意愿继续下降。

数据进一步显示，2014年5月，银行结汇8743亿元人民币（等值1419亿美元），而售汇8502亿元人民币（等值1379亿美元），均比上月有所减少。当月结售汇顺差规模仅为241亿元，比4月顺差规模597亿元环比缩量近六成。

2014年5月银行代客结汇8572亿元人民币，售汇8156亿元人民币，结售汇顺差416亿元人民币；银行自身结汇172亿元人民币，售汇346亿元人民币，结售汇逆差175亿元人民币。

分析人士表示，人民币双向波动以及国内经济走弱导致了市场上结汇意愿的下降。

而美国财政部2014年6月16日公布的数据显示，中国4月持有美国国债1.2632万亿美元，前值1.2721万亿美元，当月减持89亿美元。

同期，银行代客远期结汇签约1122亿元人民币，远期售汇签约1069亿元人民币，远期净结汇53亿元人民币，远期净结汇环比缩量41%，继续2014年人民币贬值以来的缩量态势。

| 货币风暴

　　《第一财经日报》采访接近外汇局人士得知,造成远期净结汇缩量的原因,一方面是因为前期裸贷敞口的企业或个人在人民币出现贬值之后采取套保措施,增加了购汇需求;另一方面是因为一部分在 2014 年底签约的远期结汇合约(当时美元兑人民币汇率在 6.04 左右)到期出现违约展期,而这一部分在外汇局的远期结汇当中计作负值。

　　同时,我国 2014 年 5 月顺差扩大。5 月单月同比出口增幅达 7%,进口出现下降,为 -1.6%,单月顺差为 359.22 亿美元,创下 2009 年 2 月以来新高。继续表现为海关顺差数据低于外汇占款数据,显示资本净流入状态持续。

　　而申银万国的测算是,预计 1—5 月利用外商投资累计增速为 4.8%,测算当年 5 月"热钱"跨境大幅流出 399.1 亿美元。

　　简单测算 2014 年 5 月的资金流动情况:FDI+ 顺差 =445 亿美元,而外汇占款只有 386 亿元人民币,折合成美元有 60 多亿,流出资金明显。当然这个计算方法不是很准确,但是可以作为参考,尤其是在如此悬殊的情况下。

人民币汇率上下不得

　　2014 年 9 月,人民币的形势是,贸易顺差大增,进出口严重背离,人民币汇率中期承受着较大的升值压力,而长期却出现较大的贬值压力,这是人民币汇率目前面临的最显性的作用力。

　　2014 年 8 月,我国进出口总值 3670.9 亿美元,增长 4%。

其中，出口 2084 亿美元，增长 9.4%；进口 1586 亿美元，下降 2.4%；贸易顺差 498 亿美元，扩大 77.8%。

前 8 个月，我国进出口总值 27663 亿美元，增长 2.3%。其中，出口 14834.6 亿美元，增长 3.8%；进口 12829 亿美元，增长 0.6%；贸易顺差 2005 亿美元，扩大 30.3%。

贸易顺差 30% 的增幅对人民币升值的压力可见一斑。

关键的问题是，这个顺差的扩大，并非是外贸出口有相应的增幅，而是进口出人意料地下降，下降的一个主要原因是大宗商品的价格在下跌，但是价格下跌的主要原因却是中国需求疲弱。经济疲弱导致进口价格下跌，并加剧了进口总额的下滑。

人民币汇率现在面临的问题是经济疲弱，但是人民币的升值压力却很大，这就是一个很矛盾的现象。

从出口的结构来看，我国出口主要是对美国和欧盟的出口，2014 年前 8 个月，我国对美国和欧盟累计出口额分别为 3540 亿美元和 4040 亿美元，同比增长 7.0% 和 10.9%。

可以看出，尽管欧盟经济在 2014 年再次陷入衰退，欧洲央行实行量化宽松和零利率政策，但是欧洲对中国产品的需求仍然很大。这其中的主要原因显然是中国商品的价格较低，表明尽管这两年中国外贸企业经受了相当大的压力，许多企业关门倒闭，但是在严峻的市场需求和成本压力下，许多企业经过技术升级和经营管理，其产品成本仍然很低，质量也在提高。尽管东南亚和印度等国家正在奋起直追，企图代替中国低廉的出口产品市场，但显然，这个目标还远远没有达到，也许还差得很远。

也就是说，在欧洲经济低迷时，对中国产品的需求仍然旺盛，经济复苏后，其产品需求将仍然不会减弱。

| 货币风暴

目前中国经济的这种顺差状况,被称为衰退式顺差,也就是人民币汇率面临两大相反的作用力。一个是经济疲软,这是向下的拉力,而顺差扩大,又是向上的拉力。显然目前后者对人民币的影响更大。也就是说,至少从外汇收支的角度讲,人民币在中期还面临较大的升值压力,但与此同时,从长期而言,经济的疲弱,又让人民币面临着贬值压力。

看来,作为一个巨型经济体,随着经济进一步融入世界经济,其汇率的转型将面临极大的风险。因为作为人民币这样的经济体,其汇率的转型在历史上从来都没有过,它每走一步都会对世界经济造成重大影响,而世界经济的发展对人民币汇率的影响也颇为复杂。

2014年2月,人民币突然开始贬值,央行给出的解释是,人民币今后将走向双向波动,结束单边升值状态。而大多数市场人士的解读是,人民币的贬值是由于央行要狙击进入中国的逃离热钱。

事实是,2014年2月外贸出现罕见的巨额逆差,这是人民币贬值的重要基础。笔者认为,即使央行有意要改变人民币单边升值的预期,也必须是顺应市场。当时中国经济下滑明显,外贸顺差有所调整,市场的预期已经分化。

而人民币汇率到了2014年5月初又开始持续升值,到年底升值幅度大约为2—5月一半的贬值幅度。从2月开始的市场观察显示,央行对人民币汇率的干预的确在减小,这从外汇储备的大幅收缩就能看出来。那么未来央行对人民币还会放任其升值吗?或者是按照其承诺的双向波动,再让人民币贬值?

第三章 资金流出

加工贸易大幅下降意味着什么

2014年发生的人民币贬值，事实上与实体经济的变化息息相关，该年一季度外贸数据的变化值得重视。

整个2014年一季度，我国进出口总值5.9万亿元人民币，比上年同期下降3.7%。其中，出口3万亿元，下降6.1%；进口2.9万亿元，下降1.2%；贸易顺差1028.3亿元，收窄60.9%。请注意，这个顺差是在进口大宗原材料大幅下降的情况下实现的。

也就是说，进口大宗原材料的价格下降，导致进口数据的下降，这使得顺差的数据没有出现应有的降幅，而我们知道出口的价格变化不是很大，说明这个顺差数据是脆弱的。

更为重要的是要看结构数据。统计局认为，一般贸易平稳增长，加工贸易明显下降。一季度，我国一般贸易进出口3.26万亿元，增长6.4%，占外贸总值的55.2%。一般贸易项下逆差2223.8亿元，扩大76.9%。同期，我国加工贸易进出口1.87万亿元，下降8%，占我国外贸总值的31.6%。加工贸易项下顺差

| 货币风暴

5034亿元，收窄4.9%。

这个数据非常重要，因为最近几年来关于人民币升值压力的分析中，其中一个核心观点认为，加工贸易比重过大导致的顺差过大，是人民币升值压力大的主要原因之一。本世纪初以来，外资企业在向中国转移的过程中大多选择加工贸易，以利用中国的廉价劳动力来完成简单的装配。由于加工贸易条件下的出口额必然大于进口额，即贸易为加工生产带来了增加值，这必然带来国际收支经常项目顺差。

但是这个趋势在2014年一季度出现了重大转折。一季度一般贸易进出口是增加的，但是逆差却是2223.8亿元，扩大了76.9%；同时，加工贸易是下降的，但是顺差却达到了5034亿元，收窄4.9%。

也就是说，如果一般贸易进出口增加和加工贸易进出口下降的趋势确立，中国外贸进出口出现逆差就是一个不可避免的趋势，那么人民币升值的基础就会荡然无存。

其实，中国贸易中的这个趋势，从2013年就已经开始形成：加工贸易顺差开始收窄，而一般贸易的顺差则开始扩大。2013年，我国产业链长、增值率较高的一般贸易进出口2.2万亿美元，增长9.3%，占同期我国进出口总值的52.8%，提升了0.8个百分点；加工贸易进出口1.36万亿美元，增长1%，占32.6%，比重下滑了2.2个百分点。

从商务部的数据来看，加工贸易的顺差基本上是以进料加工为主，占贸易顺差的96%。2001年后，加工贸易顺差逐年提高，特别是2005年后发展较快，到2008年达到2967.8亿美元，2009年金融危机中，加工贸易顺差仍然保持在2646.4亿美元，2010年到11月已达到2911亿美元。

从企业构成情况来看,加工贸易主要是外资企业顺差,而且这部分顺差从 2000 年到 2009 年,外资企业占顺差的比重从 64% 提升到 84%,从事加工贸易的外资企业占据顺差的大部分份额。

并且,加工贸易顺差是结构性的,我们对中国香港、美国、欧盟是顺差,而且顺差比较大;跟日本基本平衡;对东盟、中国台湾地区和韩国是逆差。

加工贸易为何会出现如此大的转折?我们认为,主要是内外部经济环境变化导致。其中,中国政府的有意调控尤为不可忽视。加工贸易是一种低附加值、技术含量低、劳动力成本低,但又耗费资源、破坏环境的产业。这种产业的勃兴引发的顺差,只能是人民币升值,对中国的财富增加效应会递减,并且会劣化中国的产业结构。因此,人民币升值是产业加工贸易下降的主要原因之一。

当然客观条件就更加重要,劳动力成本上涨,中国税收加重,资源价格上涨,导致中国沿海加工贸易企业近几年出现大规模倒闭现象。有些不得不转移到东南亚等劳动力价格低的地方,这是加工贸易下降的主要因素。

因此,加工贸易导致的顺差下降,或者将出现逆差,是此轮人民币趋势性贬值的重要基础,这是需要我们重视的。

劳动力成本加速上升之谜

劳动力成本是本币汇率的基础,因为劳动力成本直接攸关

| 货币风暴

经济的竞争力,这方面的竞争力在2012年后就已经开始萎缩了。谈及我国劳动力市场潜力,这方面目前很难有让大家都信服的确切的统计数据。不过一个必然的结论是,经过三十多年大规模的城镇化,年轻高效、技术能力强的劳动力早已经进入了城市。如果今后为了城镇化强制一些农村人口进城,那么进城的必然是老弱病残,这些人与其说是劳动力,还不如说是城市的负担,只会进一步增加社会成本,并提高现有城市存量的劳动力价格。在此前已经进城的劳动力虽然劳动在城市,但是大部分消费却在农村,消费很低,养家糊口的负担很重。一旦进城,整个家里老老小小的生计都由其工资负担,那么目前的工资还够吗?因此,今后城镇化放慢还好,如果强推城镇化,劳动力的成本必将提高。

这也是为什么最近几年一线大城市劳动力价格提升更快的原因。因为那些在城里打工十多年的人,已经有了点积蓄,也不能忍受两地分居、家人不能团聚的生活,就都把他们接到城里来了,因此他们的成本必然就高了。

另外,根据国务院发展研究中心金三林的研究,到2014年,中国农村有效剩余劳动力已不到3000万人。根据农民工的需求、新增农民工数量综合预测,这三千万左右的农村剩余劳动力将在2017年前后转移完毕。

2010—2017年,农村剩余劳动力数量年均将下降6.4%左右。按照剩余劳动力下降速度与农民工工资实际增长速度之间的数量关系来推算,这一期间农民工工资年均实际增速将达到10.8%。如果再考虑物价水平上涨等因素,并假定这一期间CPI年均涨幅为3%,则这一期间农民工名义工资年均将增长14%左右。

根据2014年发布的《人力资源和社会保障事业发展"十二五"规划纲要》,未来5年,中国最低工资标准将年均增长13%以上,绝大多数地区最低工资标准将达到当地城镇从业人员平均工资的40%以上。由于农民工工资主要由最低工资和加班补偿构成,因此从政策层面来看,未来农民工工资实际增速不会低于13%。

由于农民工工资与制造业、低端服务业、农业雇工工资高度相关,因此,从"十二五"到"十三五"期间,这些行业普通劳动力工资名义增速也将保持在14%左右。

由此来看,中国劳动力成本的上升,目前还看不到终点。这些都直接影响到未来出口产品的成本,并对人民币汇率形成巨大的压力。

再说劳动力成本的优势,这里笔者是和美国比,当然中国工人的工资目前只是美国工人的几分之一。按照这个指标,中国工人的劳动力成本要跟上美国工人得到猴年马月。不过劳动力价格相对优势,不能仅仅是和国外比,反而更应该和国内的其他行业比:目前在中国大城市的技术熟练工工资在5000—10000元,普通工种也在3000—6000元,而国内事业单位或者公司白领的工资大概也就是这个数。

为什么要和国内的其他行业比呢?劳动力成本指的是外贸企业生产产品的一个重要成本,如果工人工资相对于其他行业相差不大,则意味着此前由文化程度低、技术不熟练的工人岗位,将可能被大量文化程度高、技术熟练的其他行业的人来填充。他们经过了较高成本的教育经历,因此将会要求更高的工资,这样会让国内劳动力成本抬升更高。

| 货币风暴

其次,西部出口增速加快,这点已经被2014年一季度的数据所证实。但是,西部增速加快的前提是东部在减退。同时,西部的工资不低,如湖南、贵阳目前也是用工荒,他们为什么会缺工呢?因为政府搞的大规模基础设施建设,抬高了劳动力价格,即使不考虑政府的基础设施投资,西部出口产品相对于东部也必然还有一段运输。大家都知道,这几年什么都没涨,涨的就是物流成本。

再说,我国产品结构升级,这个升级是在低级产品淘汰或者转移的基础上,升级不一定在数量上有扩大,结构升级必然会伴随着大量的阵痛和投入,导致其出口产品成本更高。

最后,欧美复苏的问题当然是对中国出口有拉动,但是能否会像以前那样,目前还不确定。当年欧美经济正在缓慢复苏,但是反映在我国一季度的数据上,却是2月和3月出口均出现下滑,低于预期。原因是欧美国家正在培养自己的制造业,中国的产品不再便宜,而东南亚更加低廉的产品让他们有了新的选择。

还有一个重要的疑问是,中国劳动力的价值是否会得到较大的提升。因为只要劳动力价值提升了,即使工资价格上涨了,也并不意味着劳动力成本的上涨;反之,如果工资不变,而劳动力价值下降了,那也是增加了企业的负担,劳动力成本实际上是抬升了。

而目前我国国内的劳动力价值是否抬升了呢?劳动力价值并不必然与学历和文化程度相对等,而是看劳动生产率和劳动熟练程度。在中国目前产业升级偏慢的形势下,大量熟练、吃苦耐劳的劳动力正在老去或者回乡,而补充的劳动力却是"90后"

独生子，他们可能接受了较好的教育，但是这些教育并不能用在自己的工作中，他们对于薪酬待遇、工休福利、劳动者保护、应有的权利将更加重视。相较于父辈，他们至少在相当长的时期内，生产率是下降了而不是提高了，这也决定了今后劳动力成本的抬升。

所以从劳动力成本的角度讲，中国出口产品的竞争力，目前正在加快失去。这也是为什么国内许多人出国后发现，国外的某些产品比国内便宜的一个重要原因。

其实决定出口产品竞争力的不仅仅只有劳动力成本这一项，其他还有如管理成本、原材料价格、物流成本、环境压力、利率水平、土地和建设成本等，究竟哪项支持出口竞争力呢？

央行退出日常干预？

2005年汇率改革，实行的是爬行盯住美元的汇率制度，这其中最重要的一个机制是央行确定中间价，然后人民币汇率当日在规定范围内围绕美元上下波动，如果超出这个波动限度，央行就会干预。事实上，人民币是央行强力干预的货币，其价格是央行指定的价格，这种汇率制度是非市场化的，非市场化的汇率不能反映市场供需状况，就可能引发市场的扭曲。这对于一个要建立市场化并以开放为诉求的经济体来讲，并不是一个合意的选择。

央行如何退出汇率干预，让市场供求发挥作用，形成价格信号？无疑汇率是未来改革的一个目标。

货币风暴

2014年8月8日有外媒报道,央行新科首席经济学家马骏表示,央行将允许市场在人民币汇率的形成上发挥更多作用,将退出日常外汇市场的干预。他还进一步表示,当汇率走势超过监管层规定的区间范围,当监管层预计资本账户将严重失衡或金融危机爆发时,央行才会入市干预。

虽然央行没有官方权威的宣布,但是就马骏目前的身份而言,这是很有可能的。这无疑是央行人民币汇率政策的一次重大行动。从央行对人民币汇率改革的步骤和央行领导的发言来看,央行很可能已经开始放弃日常对外汇市场的干预。

有以下几点明显的迹象:

从2014年5月起,央行口径的外汇占款持续下滑,2014年4月新增央行口径外汇占款仅845.89亿元人民币,此前几个月的外汇占款增长都是很高的,但是这个数字到了5月突然出现大幅下滑。5月新增央行口径外汇占款仅3.61亿元人民币,环比骤降99%,而6月全部金融机构外汇占款减少882.8亿元人民币,为连增10个月后的首次下降。

与此同时,我们发现,人民币汇率正是从2014年2月开始贬值一直到4月初6.23的低点,此后惯性贬值到6.2670,很有可能央行到了4月就没有干预。人民币到了5月1日的最低点6.2670后,一路升值到当天的6.1538。这段时间以来,央行应该是彻底放手,任由人民币升值,这反映在外汇占款上就出现了5月和6月的增速连续下滑,甚至是减少。

那么央行为什么要这么做呢?很显然与央行对人民币汇率均衡点的理解有关。央行副行长易纲从2012年起在多个场合指出人民币汇率已经接近或者达到均衡点,央行在官方文件中也多次做如此表示。

因此,央行在 2014 年 2 月让人民币贬值,一方面反映了市场的需求,另一方面也是央行在引导市场。但是 5、6 两个月人民币开始升值后,外汇占款下降,说明央行是有意退出干预。这明显是央行想试探人民币汇率均衡位置是否就在这附近,是否在 6.00 和 6.27 之间。

重要的是,目前人民币的汇率是否大体反映了中国经济的基本面,劳动生产率是否已经到了现在这个水平。我们从 6 月的出口情况也可以看出个大概。

经过 2014 年 2 月的贬值,人民币汇率大约贬值 3%,而这在外贸领域就出现了 6 月超过预期的顺差增幅,尤其是出口。海关总署的数据显示,2014 年 7 月出口同比增长 14.5%,增速为 2013 年 4 月以来最高,远远超过了市场预期的 7%。这自然得益于美国经济的复苏,但与人民币汇率的贬值不无关系。

而最近几年来出口增幅一直在大幅度地持续下滑,商务部多次发出警戒,国内过剩产能严重,尤其是到 2013 年后半年。这个压力也是促使央行调整人民币汇率的一个重要因素。

现在人民币汇率才贬值了 3%,外贸就有如此大的变动,说明人民币汇率离均衡位置很近。当然人民币新一轮升值正在进行中,此后出台的外贸数据将更能检验这个说法。

央行退出人民币日常干预,并最终扩大日间波动幅度到更大范围,是人民币国际化的前提。现在有人说央行已经把人民币国际化推后实施了,在笔者看来,这种说法并不准确。央行采取的策略,必然是按照实际条件自然推进,当人民币汇率自由化能够实施时,则推进汇率改革,而当资本项下的开放有条件实施时，当然也可以同时实施，中间不应该有先后次序。不过有一点必须明白，人民币汇率不完成自由浮动，则国际化也无法完成。

当然更为重要的信息是，马骏和央行所认定的人民币汇率区间在哪里？马骏说，是在当监管层预计资本账户将严重失衡或金融危机爆发时。这个表述现在看来还是比较激进的，至少当人民币汇率贬值过快、出现资本大量外逃时，央行肯定要干预；而当人民币大幅升值，对出口产生重大冲击时，央行也要干预。

央行出售了美元资产？

从2009年开始，迅猛增长的外汇储备，开始了震荡。2014年9月末，国家外汇储备余额为3.89万亿美元，较6月末减少约一千亿美元，这个减少幅度还是比较罕见的。因此，澳新银行的判断是，央行可能出售了美元资产，意图减少外汇储备。

那么到底央行有没有出售美元资产呢，为什么要出售？

其实，2014年以来，外汇储备增幅是不断减缓的，一季度增长1258亿美元，二季度仅增约四百亿美元。而上一次外汇储备出现季度减少发生在2012年二季度，当时外汇储备数据出现了650亿美元的季度减少。当然对于已经拥有过多外汇储备的中国而言，减少外汇储备应该是我们的一个目标，但是，关键的问题是要看这个减少是由什么原因导致的。

外汇储备的减少是与外贸顺差的扩大同时并存的，本来这两个数据应该是正相关的，而目前则是相反。2014年，我国外贸月度顺差屡创新高，其中 8 月和 9 月月度顺差值分别较 2013 年同期扩大 77.8% 和 110%。海关统计显示，2014 年前三季度我国累计贸易顺差 2316 亿美元，同比扩大 37.8%。另外，9 月外国直接投资同比小幅增长，扭转了连续两个月的负增长。

外汇储备的形成是企业把外贸顺差所得到的美元结汇给商业银行，商业银行把这些美元在公开市场卖给央行形成的，而卖给央行后，央行发行的人民币就是外汇占款。

金融机构外汇占款的情况跟外汇储备的走势有些相似，2014 年 5 月以来，金融机构外汇占款也开始出现正负波动。6 月环比出现 10 个月以来的第一次负增长，7 月金融机构外汇占款出现短暂回升，但 8 月再次出现负增长，环比减少 311 亿元。

我们看到，这里有两个趋势，一个是外贸顺差在扩大，但是金融机构口径的外汇占款却没有相应地增长，或者呈现出比较大的波动。与此同时，央行口径的外汇占款呈现出比较大的增幅，这又与金融机构口径的外汇占款走势不同。

由于银行结售汇由银行柜台结售汇市场和银行间外汇市场两层市场体系构成，两个市场上外汇供求都存在管制刚性，因而外汇占款也就相应具有两种意义：一是中央银行在银行间外汇市场中收购外汇所形成的人民币投放；二是统一考虑银行柜台市场与银行间外汇市场两个市场的整个银行体系收购外汇所形成的向实体经济的人民币资金投放。前者被称为央行口径外汇占款，后者被称为金融机构口径外汇占款。

如果这两种外汇占款差额扩大，尤其是金融机构外汇占款还在减少，反而不如央行口径外汇占款多，这说明金融机构在把结汇所得到的外汇卖给央行的同时，企业和个人层面的结汇

| 货币风暴

意愿在减少,很多人愿意持有外汇,这从2014年以来外汇存款大增就可以看出来。9月末外币存款余额6053亿美元,同比增长34.9%,前三季度外币存款增加1402亿美元。

以上数据的分析可以得出结论,从居民和企业的预期看,对人民币升值的预期已经减弱,人们更愿意持有外汇。

而我们从2014年上半年的国际收支平衡表来看,经常项目的顺差已经开始下降。上半年顺差805亿美元,同比下降18%,与GDP之比为1.8%,较上年同期回落0.7个百分点。第一季度尽管资本和金融项目保持净流入,但第二季度,资本和金融项目转为逆差162亿美元。其中,非直接投资形式的资本流动由上季顺差402亿美元转为逆差549亿美元,这是导致第二季度资本和金融项目净流出的主要原因。

影响资本和金融项目的主要原因是其他投资项,该项目资本流入和流出分别占资本和金融项下流入和流出的70%和80%以上。上半年其他投资项下净流出517亿美元,上年同期为净流入146亿美元。其中,货币和存款及其他项分别净流出736亿美元和8亿美元,贷款和贸易信贷项下分别净流入203亿美元和24亿美元。

外汇局的数据解释是,2014年上半年,我国其他投资项下对外资本输出净增加1641亿美元,较上年增长两倍,主要反映了银行部门更多将资金用于境外。其中,我国在境外的货币和存款增长1161亿美元,而上年同期为减少146亿美元;对境外贷款增长566亿美元,较上年同期增长2.2倍;对外提供的贸易信贷减少106亿美元,而上年同期为增加88亿美元;其他项资产增长19亿美元,较上年同期下降95%。货币和存款大幅增长主要基于上半年银行存放境外同业和联行资金增长了537亿美元。

投资和金融项目在第三季度是否还会保持逆差,我们不得而知,不过从外汇占款的数据分析,第三季度的投资和金融项目依然不乐观。也就是说,外汇储备的下降,也许与金融和投资项目的逆差有关,而并非如澳新银行所说的央行出售了美元资产。

从人民币汇率的走势看,如果说央行要抛售美元,必然是为了维持人民币升值,在外汇公开市场上出售美元,以支撑人民币。打开人民币汇率走势图,可以看到人民币在2014年2月开始贬值,到6月开始回归升值道路,似乎三季度以来,人民币升值比较强劲,但也没有明显证据证明央行在抛售美元,不过也不能否认这一点。

但也有这种可能,中国的商业银行把资金运用于境外,在公开市场不向央行卖出外汇或者减少卖出外汇。这样,央行手里维持人民币汇率的弹药减少,不得不把存量的外汇储备卖出以维持人民币升值,或者减持美元债券。外汇储备的运用目前还是一个黑箱,外界只能通过以上数据进行猜测,有点盲人摸象的意味。

人民币再升值

对于2014年10月以后人民币汇率的走势,现在主流的分析人士认为,未来还会升值。一是央行为了维持国内资产价格,二是持续的国际收支顺差是导致人民币长期升值的基础。

| 货币风暴

不过从 2014 年上半年的国际收支平衡表来看，国际收支顺差这个基础已经越来越不牢固。虽然经常项目收支顺差仍然持续，但是在金融和资本项目下，2014 上半年再度出现逆差。从 2012 年开始，中国国际收支已经告别了双顺差，资本和金融项目出现逆差，2013 年再次出现大幅的双顺差，不过 2014 年上半年资本和金融项下的逆差再次出现。

并且 2014 上半年，我们发现，经常项目的顺差已经开始大幅下降，上半年顺差 805 亿美元，同比下降 18%，与 GDP 之比为 1.8%，较上年同期回落 0.7 个百分点。其中，货物和服务贸易顺差与 GDP 之比为 2.0%，同比下降 0.6 个百分点。

这里更需要读者关注的是，2014 年第一季度尽管资本和金融项目保持净流入，但第二季度，资本和金融项目转为逆差 162 亿美元。其中，非直接投资形式的资本流动由上季度顺差 402 亿美元转为逆差 549 亿美元，这是导致第二季度资本和金融项目净流出的主要原因。

外汇局在国际收支报告中这样解释此现象：在国内外经济金融形势变化、人民币汇率市场化形成机制改革取得较大进展等因素的推动下，国际收支自主平衡的能力有所增强。这里似乎在暗示，由于 2014 年 2 月央行启动了人民币贬值，导致投资者对人民币单边升值的预期被打破，造成了二季度资本和项目顺差出现大幅度转折。

非直接投资指的是资本和金融项下除了直接投资的部分，还包括证券投资和其他投资。

证券投资很有意思，2014 年上半年中国对外的证券投资是大幅回撤的，但是量很小。影响资本和金融项目的主要是其他投资项，该项目资本流入和流出分别占资本和金融项下流入和流出的 70% 和 80% 以上。2014 上半年其他投资项下净流出 517 亿美元，上年同期为净流入 146 亿美元。其中，货币和存款及其他项分别净流出 736 亿美元和 8 亿美元，贷款和贸易信贷项下分别净流入 203 亿美元和 24 亿美元。

外汇局进一步的数据解释是，2014 上半年，我国其他投资项下对外资本输出净增加 1641 亿美元，较上年增长了两倍，这主要反映了银行部门更多地将资金运用于境外。其中，我国在境外的货币和存款增长 1161 亿美元，而上年同期为减少 146 亿美元；对境外贷款增长 566 亿美元，较上年同期增长 2.2 倍；对外提供的贸易信贷减少 106 亿美元，而上年同期为增加 88 亿美元；其他项资产增长 19 亿美元，较上年同期下降 95%。货币和存款大幅增长主要是基于上半年银行存放境外同业和联行资金增长了 537 亿美元。

这就是说，境内的商业银行在人民币汇率单边升值的预期被打破后，不是把美元兑换为人民币，而是直接以美元等外汇的形式存放到境外了，但是却很少做任何投资，无论是债权固定收益的形势还是股权或者其他直接投资的形势。外汇局把这样的资产配置解释为：境内机构减少了境外证券资产配置，而坚持以货币和存款方式对外进行资产配置，显示出境内机构在国际金融持续动荡环境下投资较为稳健。

因此，我们要重视非直接投资形式的资本流动对我国国际收支状况的影响。2014 年第一季度证券投资和其他投资等非直接投资形式的资本流动顺差为 402 亿美元，相当于经常项目与直接投资合计的国际收支交易顺差的 66%；而到了第二季度，

| 货币风暴

非直接投资形式的资本流动转为逆差549亿美元,相当于经常项目与直接投资合计的国际收支交易顺差的-49%。这是导致资本和金融项目转为净流出的主要原因。

那我们可以做一个大胆的猜想,是否2014年第二季度过于猛烈的非直接投资形式的逆差,让中国人民银行不得不将正在贬值的人民币再次转为升值。因为第二季度一个季度的逆差就达549亿美元,占到了经常项目与直接投资合计的国际收支交易顺差的-49%,也就是占了一半。如果这种状况持续到年末,再如果遇到经常项目如第三季度出现逆差,再加上贬值预期的强化,是否出现国际收支的逆差?这种情况最近多年来还未见过,那对人民币汇率将会造成怎样的影响,央行能否扛得住?宏观经济能否扛得住?

所以我们发现,人民币汇率从2014年1月大幅贬值到5月初停止升值,在5月整整震荡了一个月后,到6月又开始了强劲的升值。这时候,可能是央行意识到单边贬值的预期形成后,将会形成金融和资本项目下资金的大幅流出,造成对人民币汇率稳定的威胁,不得不引导市场,让人民币形成升值态势。这也许是6月人民币再次升值的一个原因。

以上猜测如果是正确的,则说明人民币汇率市场2014年末的趋势是,在直接投资和经常项目下的顺差还保持的情况下,决定人民币汇率的主要因素不是实体层面的经济贸易交往的货币需求,而是作为一种资产的人民币的预期,这个预期的影响因素非常复杂,也极为脆弱。人们在预期瞬间就会出现大幅变化,这也是由于国内宏观经济下行,经常项目顺差在开始缩窄的情况下,市场形成的敏感预期。这是未来较长时间内人民币汇率市场的一个重要现象。

以上当然只是根据数据的一个猜测,我们接下来会从外汇局的国际收支报告中,看看央行是如何判断市场对人民币汇率的预期的。

外汇局确认资金流出

由于东南亚金融危机的记忆,对于一个新兴市场而言,资金流出,尤其是出现预期一致的踩踏式流出,是灾难性的。这样不仅可能会引发国内的债务危机,更为恐怖的是可能将捅破资产价格泡沫,尤其是房地产泡沫,因此资金是否流出是2005年汇率改革以来,大家最为关注的一件事。

2014年10月23日,在外汇局举办的新闻发布会上,外汇局收支司长管涛告诉记者,近期由于人民币汇率双向波动、内外部环境错综复杂,资金由偏流入转向偏流出。

政府权威部门首次确认资金流出是在《2012年中国跨境资金流动监测报告》中,外汇局称,"2012年中国跨境资金流动一波三折,经历了三轮短周期波动:第一季度资金流入,第二、三季度资金流出,第四季度资金流出放缓,12月再现较大规模净流入"。不过那次是在2013年发布报告后确认的,这次却是在几乎同期确认流出的,这是一个小小的差别。

本来作为一个大国,国际收支流出、流入都很正常,但是在中国却成了一个忌讳的话题,其实也隐藏着一个大家潜意识里的担忧。因为中国经济在1994年外汇改革,人民币大幅贬值,

| 货币风暴

汇率制度盯住美元以后,接着加入WTO,加入世界制造业的大循环,一不小心就成了世界工厂,顺差猛涨,资金呈现出加速的净流入,所以资金净流入几乎与中国经济的崛起是同步的,如果资金净流出了,那是否就意味着经济崛起停滞了呢?这就是大家所担心的。

中国经济这种大幅入超,资金大量流入,外汇储备猛增的状况一直持续到2008年的国际金融危机,此后的四万亿刺激又对本该减缓的双顺差局面进行了纠正,这种状况一直延续到2012年。当时,资金净流入的局面已经有所改观,外汇储备出现负增长,资本和金融项下逆差比较明显,不过当时没人提资金流出的话题。2013年又转为净流入,直到2014年二季度开始,资金流向再次发生变化,出现流出的局面。当然二季度相对比较弱,到了三季度似乎有加速的趋势。

2014年前三季度从银行结售汇数据看,一季度顺差1592亿美元,二季度降至顺差290亿美元,三季度转为逆差160亿美元。从银行代客涉外收付款数据看,一季度顺差455亿美元,二季度和三季度分别为顺差407亿美元和逆差200亿美元。银行远期结售汇由大幅顺差转为基本平衡。前5个月,远期结售汇签约连续顺差,但月均顺差规模由1—2月的240亿美元降至3—5月的17亿美元。随后的6—9月,远期结售汇顺差和逆差交替出现,但绝对规模均不大,月均逆差6亿美元。

从外汇市场来看,剔除远期结售汇履约后,1—2月,未到期远期净结汇余额累计增加152亿美元,3—9月连续7个月回调,累计下调506亿美元,推动了银行增持外汇头寸。反映零售市场外汇供求状况的银行即远期结售汇差额(银行结售汇差额与未到期远期净结汇余额变动合计），一季度为顺差1649亿美元，二季度降至25亿美元，三季度转为逆差305亿美元。

通过以上数据可以看出，资金的流出从2014年一季度到三季度是加速的。这也进一步解释了在第三季度外汇储备减少1000亿美元的原因。外汇局的解释是2014年三季度，美元指数上升7.7%。我国外汇储备中，除美元资产以外，还有其他一些非美元资产，需要折算成美元对外公布，美元升值就会导致非美元资产在折算成美元时金额减少。笔者相信这是外汇储备减少的一个方面，但显然没有进一步强调资金的流出对外汇储备减少的作用。

由此，就不难解释，2014年三季度人民币汇率有所回升，贸易顺差较大，但是外汇市场上却出现少量的供不应求的现象。管涛的解释是，主要原因是3月汇率改革，打破了人民币单边升值预期，使得市场主体调整了外汇交易策略，企业购汇意愿普遍增强，结汇动机有所减弱。

进一步的数据可以进行分析，第一，三季度银行结汇较二季度增长3%，而售汇增长14%。从衡量企业购汇动机的指标来看，三季度企业外汇支付的购汇比例达到70%，比上半年上升5个百分点；而企业外汇收入中结汇的比例是69%，比上半年总体回落了3个百分点。第二，从企业外汇存贷款情况看，三季度企业外汇存款增长38亿美元，其中7、8月合计增长229亿美元，而一季度企业外汇存款增加387亿美元，二季度增加652亿美元。同时，三季度境内外汇贷款下降212亿美元，而一季度增加626亿美元，二季度减少23亿美元。此外，三季度企业的进口跨境贸易融资余额下降365亿美元，而一季度和二季度分别增加241亿美元和187亿美元。这是企业结汇意愿减弱，购汇意愿增强的数据佐证。

另外,三季度海关统计的进出口顺差1281亿美元,环比增长48%,同比增长111%;而外汇市场出现供不应求,说明是资本项下的净流出。2014年二季度,虽然贸易顺差扩大,经常项目盈余增加,但资本项目却从上季度的940亿美元净流入转为162亿美元净流出,国际收支口径的外汇储备资产增加额从上季度的上千亿美元降到了二百多亿美元,环比降幅达82%。管涛透露,三季度我国国际收支仍是"经常项目顺差、资本项目逆差"的平衡格局。

当然,就如管涛所言,两三百亿美元的供求缺口并不算大,是可以承受的,而且三季度企业外汇收入结汇的比例仍然达到了69%,比二季度还上升了1个百分点。9月,企业外汇收入中的结汇比例达到74%,比8月上升了6个百分点。

管涛还谈到了外资购买房地产的情况,他说,从我们监测的指标看,目前外资从中国房地产市场流出的势头并不明显。一是外国人在中国买房的资金总体还是净流入的,而且流入比以前多。2014年前三季度,非居民在中国购房的资金净流入是5.2亿美元,申报的金额不大,但相比2009年到2013年同期却呈现出数十倍的增长。二是房地产行业的外商投资企业资本金流入依然较高,2014年前三季度净流入201亿美元,为2009年以来同期净流入的最高水平。其实这个数据的参考价值非常有限,因为官方对外资购买房地产的数据只是其实际购买的一部分,大多数都是通过其他名义购买的,而且有许多资金的进入是以内资的身份进入的,退出也是以内资的身份,所以官方统计数据不能真正地反映实际外资买卖房地产的情况,不然就难以解释大城市房地产价格的回调现象。

顺差强劲不支撑汇率升值

2014年后半年的出口市场，呈现为出人意料的强劲增长。

据海关统计，2014年前10个月，我国进出口总值21.7万亿元，同比增长2.5%。其中，出口11.7万亿元，增长4.4%；进口10万亿元，增长0.3%；贸易顺差1.7万亿元，扩大36.6%。

2014年10月我国进出口总值2.27万亿元人民币，同比增长8.4%。其中，出口1.27万亿元，同比增长11.5%；进口1万亿元，同比增长4.6%；贸易顺差2787亿元，扩大45.2%。

看看这些外贸数据，你也许不会为中国的出口担忧，但是你再仔细审视外贸数据中的分项数据，就不得不为未来外贸的形势表示担忧：目前的外贸完全是依靠低价格的大宗商品出口支撑的。

2014年10月，焦炭出口82万吨，1—10月焦炭出口656万吨，同比增长102.47%；10月，钢材出口855万吨，1—10月钢材出口7389万吨，同比增长42.2%。

2014年10月焦炭、钢材出口增长强势，钢材出口继9月的852.77万吨后，10月再创855万吨新高。焦炭出口量82万吨，仅低于5月的99.67万吨，创年内次高。焦炭、钢铁出口强劲缓解了国内供应过剩的状况，或能对价格形成一定的支撑。

这种情况是如何产生的呢？人民币汇率2014年紧跟美元大幅升值，而在日元、欧元等货币还在大幅贬值的情况下，人民

| 货币风暴

币对这些货币的升值就更甚,但是大宗商品的出口依然如此旺盛,就只能把这些出口强劲的原因归之于产能过剩了。

煤炭和钢铁在前几年大多都是进口商品,由于前几年四万亿刺激计划时期,国内基础设施投资强劲,对钢铁、煤炭的需求自然是无尽的,因此那时候主要是以进口为主。例如,煤炭即使在2014年前半年还是进口强劲,对国内煤炭生产企业造成压力。这个行业本来就生产过剩严重,煤炭企业亏损加剧,许多企业不得不停产限产来保护价格,但是由于进口煤炭的冲击,导致这些企业雪上加霜。2014年10月中旬,中央不得不恢复煤炭进口关税,国内煤炭价格立马上涨,这可能是煤炭出口增速加快的一个重要原因。

不过从钢铁和煤炭两个品种来看,这两个行业均为国内最主要的过剩产能。由于国内需求不足,这些产业不得不面向国外以低价出口,这是出口增速过快的主要原因之一。

需要注意的一项是,机电产品在2014年1—10月出口加速,前10个月,我国机电产品出口6.49万亿元,增长1.4%,占出口总值的55.5%。其中,电器及电子产品出口2.8万亿元,下降1.7%;机械设备2万亿元,增长3.5%。

我国出口的强项,纺织服装类,增长也十分强劲。服装出口9558.7亿元,增长5.5%;纺织品5702.8亿元,增长4.5%;鞋类2883.3亿元,增长12.3%;家具2554.5亿元,下降1.4%;塑料制品1863.6亿元,增长5.8%;箱包1371.3亿元,下降2.5%;玩具731.4亿元,增长12%。这说明我国传统的出口产品质量提升,经营有方,已经经受住了出口下滑的打击。

而从进口方面讲,进口仍然疲弱。其实中国对原油、铁矿石、粮食、有色金属等大宗商品的进口数量尽管仍然保持增长态势，但是由于美元汇率的持续上涨，压制了这些商品价格的上涨，导致实际进口额的增长并不明显，有些甚至在下跌。这就是说，中国进口的疲弱不仅仅是由于内需疲软所致，美元的持续升值也是导致大宗商品价格下跌的一个主要方面。

例如，2014年前10个月，我国进口铁矿砂7.8亿吨，增加16.5%，进口均价为每吨646.9元，下跌19.8%；原油2.5亿吨，增加9.2%，进口均价为每吨4731.2元，下跌2.4%；粮食8059万吨，增加19.5%，等等。

综合来看，中国宏观经济，尤其是对大宗商品需求的减弱，是目前中国外贸顺差再次强劲的一个重要原因：由于中国需求的疲弱导致大宗商品需求不足，价格下降，这使得中国进口大宗商品额的增速放缓。而正是由于中国的内需不足，又导致大宗资源商品只能在国际市场找到出口，低价出口就成为唯一的选择。后半年以钢铁、煤炭为代表的大宗商品出口占据中国出口商品的大半个江山。

而从贸易的分类来看，前10个月，一般贸易项下顺差3371亿元，而上年同期为贸易逆差1580亿元。加工贸易项下顺差1.8万亿元，收窄3.6%。一般贸易的顺差被加工贸易的顺差侵蚀后，所剩不多。

由此思路可以预期未来的外贸状况一定很不乐观，未来可能会引起更加激烈的贸易摩擦。有外媒报道，当时中国正在以每吨100美元(折合人民币615元)的低价向美国出口热轧卷钢，出口量接近两年以来的最高值。根据麦格理公司的相关数据显示，2014年7月，中国钢铁产品出口量同比增加了57个百分点，

| 货币风暴

上半年货运量增加了1000万吨。其中，出口美国的钢铁量增加了490万吨。彭博社经济分析师称，预计2014年中国钢铁出口量将至少上升33个百分点，达到7500万吨，相当于整个美国的钢铁生产量。

其实仔细查看2014年10月的外贸数据，就能看出顺差的扩大可能与人民币在后半年的强劲升值有关系。人民币在升值过程中，我们对于欧洲、日本和东盟的出口是扩大的，但是由于人民币的升值，这些出口商品的价格是上涨的，这时候出口总额就是上升的。而当人民币升值的时候，进口商品的价格是下跌的，这导致进口额也是下跌的。最后形成的结果就是顺差的持续扩大。

另外，最新一期的中国外贸出口先导指数为41.7，较9月下滑1.6，预示未来2—3个月的出口增速将有所放缓。其中，出口经理人、新增出口订单指数和出口经理人信心指数较2014年9月均有不同程度的下滑，而出口企业综合成本指数略有上升。由此推知，剩余两个月的出口可能不会如10月那般乐观。

不过，即使顺差强劲，可能也并不支持人民币升值。作为一个资产价格的人民币，虽然有强劲的出口数据，但是顺差的实现就是所谓的"衰退性顺差"。这种顺差不可持续，衰退性的宏观经济不能给人民币汇率提供支撑，而且中国强劲的出口有很大的成分是近两年实施的出口优惠政策所赐。

不一样的贬值

2014年12月中旬，人民币再次走上了一轮贬值小周期，当然这个幅度是央行严格把控的，绝对不会超过央行所允许的范围。按照上一轮的上下轨 6.10 到 6.20 之间，要突出也不会太大。

不过，如果说 2014 年 2 月的贬值，是市场力量主导，央行做了个顺水推舟的话，那这次央行可能也是乐见其成，但是向市场表明的态度则是不希望人民币贬值。

2014 年 12 月 11 日，人民币兑美元汇率中间价为 6.1153 元，较前一日上调 42 个基点，创近 9 个多月以来新高。但是市场上人民币兑美元即期汇率两日来连续贬值超过 0.5%。继 8 日大跌 225 点后，人民币兑美元即期价 9 日早盘跌穿过 6.20 元整数关口至 6.2064，创出逾 4 个月低位，最大跌幅 337 点。

在人民币即期汇率连续下跌的背景下，央行始终调高汇率中间价，这是向市场明确表明态度，人民币不可能跌得过多。

上一次 2014 年 2 月人民币开始贬值，即期汇率市场交易和央行中间价是配合的，即期汇率贬值的同时，央行的中间价也是贬值的，这表明央行是在引导贬值。而这次则是市场在贬值，央行的中间价却逆着市场走。

先说人民币为何现在会贬值，笔者认为有三个因素：一是美国经济数据利好，加息提前预期越来越早，某些对冲基金已经开始提前做准备；二是欧洲和日本的经济比较糟糕，但是欧洲进一步宽松前景不明朗，日本宽松预期也消化完毕；三是中国外贸数据太差，海关最新的数据显示，2014 年 11 月中国出口同比增长 4.7%，进口同比下降 6.7%，并分别创下 7 个月和 8 个月新低，当月贸易顺差 544.7 亿美元，创历史新高，同比扩大 61.4%。尽管由于受到石油价格下降影响，外贸顺差在扩大，但是出口增速继续下降，再加上境内经济通缩预期严重，央行将

| 货币风暴

可能很快推出降息降准措施，资金做其他配置打算，是完全有可能的。

表现在外汇市场上，就是企业结汇的意愿不高，而购汇的意愿增强。当然，从外贸顺差看，支持人民币升值的因素还是很强的，不过这些外贸顺差的主要形成因素是石油等大宗商品的下跌。

可以肯定的是，央行手里有庞大的外汇储备，这使得央行完全能够按照自己的意愿维持人民币走势。时任央行副行长胡晓炼在一次论坛中表示，央行几乎已经退出了日常干预，但是这并不意味着央行放弃了对市场的控制。既然央行能控制中间价，就完全有可能在外汇市场上抛美元储备拿人民币。

最近市场上有传言，说是央行不想通过降准向市场投放人民币，而是在外汇市场上再次干预，购买人民币，抛美元，这个说法是不成立的。因为如果是这样，那又何苦把中间价搞得那么高呢？

所以，此轮人民币下跌与上次不同，上次外汇储备是增加的，而这次最终的结果很可能是外汇储备减少。

就目前而言，外汇储备减少，对我国而言并不是坏事。但是如果国内经济不出现明显好转，就有可能形成如目前俄罗斯一样的贬值趋势，这是我们最不愿意看到的结果。

第四章
人民币高估

波动"迷宫"

对于拥有近四万亿美元外汇储备的央行而言，其对人民币汇率的掌控，还是相当有把握的。这一点从2015年初的人民币汇率走势中可以看出来。

人民币日间波动幅度骤然放大，这是从此轮贬值在2014年12月19日被打破后，人民币汇率升值开始的。12日的人民币最高升至6.1233，开盘6.2087，收盘6.2040，人民币当天升值0.09%。而央行当天给出的中间价是6.1233，较前一日上涨63个基点。

从走势可以看出，央行将人民币汇率的升值控制在6.1233，而市场上对外汇的需求显然很强劲，中间价这个位置显然不能出清，最终市场的即期汇率还是要比央行给出的中间价贬值很多。

当前人民币最高点是在6.12附近，这可能是央行的目标价，而人民币的走势正是通过央行中间价的升值，逐步由央行引导向这个价位靠近。这中间如果不是人民币愿意升值，则央行必

| 货币风暴

须动用大量外汇储备来达到自己的目的，以稳定人民币汇率最终的走势。

可以肯定，人民币汇率已经摆脱了单边升值的趋势，开始了激烈的多空争夺。当然这中间有一个强大的力量，就是中国央行。至少在短期内，央行将决定未来汇率的走向，央行现在希望制造一个人民币汇率上下波动的"迷宫"，让资金在这里摸不清央行的方向，从而逐步让人民币走出一个稳定的行情。

央行这个理想能否达到，关键要看中国宏观经济走势和顺差走势，以及国际金融市场形势的变化，不是央行一家能说了算的。

2012年以来，以国际清算银行的实际有效汇率衡量，三年中，人民币分别升值2.1%、7.9%和4.5%。正是在这个过程中，中国经济增长持续下行，到如今还没有见底，而美元则从2014年开始大幅升值，全世界只有人民币在跟着美元，其他货币都是大幅贬值，人民币自然也是对欧、日等主要货币大幅升值。

而在这个过程中，不仅是中国经济增速地下降，而且顺差和出口也在大幅萎缩。这不仅仅是中国经济增速出现"瓶颈"，还将是全球贸易寒冬的来临。

无论从贸易数据还是我们生活中的感受来看，进口都已经开始蜂拥而至，不过只是人民币和美元的同时升值，把这些进口的货币额度给抵销了。大宗商品的过剩，如粮食和奶粉的进口，已经严重威胁到国内的相关产业。这时候，人民币如果还跟着美元升值，许多产业就会走到临界点。

当然央行维持人民币跟着美元升值的原因有很多种说法，其中一种说法是人民币国际化。在这个方面，我们一直认为，央行是过于乐观地估计了未来中国经济在国际经济格局中所占

第四章 人民币高估

有的位置，人民币未来即使能国际化，其空间也是极其逼仄的；至少中国经济这十多年的扩张，没有为人民币提供未来成为国际货币的可能性。这是由于这次中国经济的扩张，是建立在浪费资源和廉价的劳动力之上，其最大的债务问题已经创新乏力。一旦经济走上萧条之路，叠加债务危机出现和房地产泡沫破裂，防范风险成为首要任务，人民币国家化显然过于奢侈了。

至于后一种说法，是为了防止形成人民币单边贬值的预期。这种说法是靠谱的，做法也是必需的。这个从2015年1月12日央行官员的表态中能看出来。

央行研究局副局长王宇2015年1月12日说，随着汇改，人民币汇率的浮动区间已经从千分之三、千分之五扩大到百分之二。央行是要守住2%的区间。在此区间内，人民币汇率是升值还是贬值，由银行间外汇市场的供求关系决定。

王宇进一步解释，央行为了不让人民币汇率出现大幅升值或大幅贬值，设立了汇率浮动区间。如果超出这个区间，央行就要通过购汇或者抛售外汇的方式，以维持人民币汇率在区间内波动。在区间中人民币汇率的变动，完全是由银行间外汇市场的供求关系来决定的。

可以肯定，央行目前对于人民币汇率的管理已经从此前的单一压制人民币过分升值，到目前的区间管理方式。当然，我们从盘面上还看不出来这种管理方式，但是从央行官员的讲话中能感知到这一点。事实上，他们希望采用这种管理方式。

其实，从走势上看，人民币汇率日间波幅还没有达到2%，不能说央行已经开始了区间管理。央行对人民币汇率的干预主要体现在中间价上，人民币汇率的中间价如果一直是升值的，则在市场上会形成人民币升值的预期，很少有交易者目前敢跟央行叫板。

王宇表示，主要是要减少政府干预，让市场在人民币汇率的形成和变动中发挥决定性作用，使人民币汇率成为调节银行间外汇市场供求关系的主要依据，从而实现银行间外汇市场或者中国外汇市场的自动出清。

"实际上减少政府干预和扩大人民币汇率的浮动区间是一个硬币的两个方面。"王宇说，"只要扩大人民币汇率的浮动区间，政府的干预肯定会减少；浮动区间越大，央行需要守的线就越少。"

但是显然人为制造一个单边波动的幻觉，不一定会见效。只是在这样的波动中，会消耗大量的外汇储备。因此笔者就奇怪，为何当年可以一次性贬值，未来就不可一次性贬值，反而要如此复杂曲折。

今后央行为了维持人民币的稳定贬值，可能会采用这种波动"迷宫"，配合中间价管理。让人担心的是，要维持这种波动"迷宫"，需要大量的外汇储备，但外汇储备毕竟有限，当外汇资金通过各种渠道流出之后，这种"迷宫"就有可能被人攻破或者识别。

人民币应该与美元脱钩

可以确定的是，2015年随着美联储加息，美元将继续上涨，与美元上涨相对应的则是其他主要货币的下跌。不过作为新兴市场货币的人民币是否还会继续跟着美元上涨，上涨多久，目

第四章 人民币高估

前业内争论不少。

2015年1月,中投董事长兼首席执行官丁学东表示,目前美国经济增长强劲,美元的升值会是一个长期过程,"会持续很多年"。"能够和美元一起升值的货币非常少,但人民币可能是个例外,瑞郎也是个例外。"他认为人民币将跟随美元继续升值,当然他也表示,人民币国际化过程一定会加快,对美元汇率波动会更加复杂化。

原因是,发达国家美国经济增长比较强劲是世界经济增长的"第一架发动机",同时中国经济增长虽然可能从7%以上降到7%以下,但也是经济增长的"第二架发动机"。印度如果能保持增长,会成为"第三架发动机"。

正因为如此,未来国际资金流向将发生变化,资金将流向美国,中国也是资金的流向地。因此他认为,人民币国际化必须加快推进,但是人民币真的要完成国际化还有很长的路,需要很多年的时间。

丁学东的判断是相对比较大胆的。过去几年跟随美元强劲升值,日元兑人民币中间价自2014年8月11日至今贬值了13.63%,欧元兑人民币中间价自2014年5月12日至今贬值了15.25%。很显然,这样的升值对中国的制造业和出口杀伤力很大。

而央行目前采取的策略是在2%的区间以内由市场决定,并用中间价管理人民币在隔日的走势。这个策略是在日间的波动上进行管理,防止人民币波动过大,不过由于中间价管理,总的来讲波动幅度不会过大。其实就目前而言,汇率波动还不足以引起企业的警觉,而且企业也相信,由于央行掌握有庞大的外汇储备,至少在短期内,汇率不会出现过大的贬值。

| 货币风暴

然而，随着中国外贸顺差缩小，宏观经济进一步下滑，资金流向发生了显著变化。2015年1月19日，中国人民银行公布的金融机构信贷收支表数据显示，2014年12月金融机构新增外汇占款为 −1184亿元人民币，央行口径的外汇占款为 −1289亿元人民币；而银行代客涉外收付款差额从8月起连续4个月逆差，银行结售汇差额从9月起连续3个月逆差。从外汇储备的变化来看，2013年末外汇储备3.82万亿美元，2014年末为3.84万亿美元，只增加了200亿美元，这与其他年份动辄数千亿甚至万亿的规模不可同日而语。

无论从哪个方面讲，2014年都是人民币汇率的转折之年，中国经济在2014年才真正体会到了结构调整的阵痛。这个阵痛要在2015年真正地落实，而人口增长形势的变化，以及制造业竞争力的衰落等，都要在2014年以后逐渐显现。中国尽管仍然是世界工厂，但是这个工厂的效率并不高。目前面临的是汇率已经高企，劳动力、资源、环境、政府税收等成本的高企，这些是制造业竞争力不再的最重要原因。

近几年随着"刘易斯拐点"的来临，年轻人正在迅速减少。2012年年轻人净减少345万人，2013年把劳动力人口从15岁改为16岁，减少244万人，2015年减为371万人。老龄化加剧，年轻人口的减少，直接对人民币汇率支撑形成削弱，这才是根本。

而从物价形势上来讲，尽管目前中国还在通缩之下，但是其他国家也在通缩，以石油为代表的大宗商品持续疲软，加剧了通缩趋势。我们看到在许多领域，尤其是生产率相对落后的领域，其价格已经严重高于美国等发达国家，如最近发生的奶农倒奶杀牛事件，事实上表明在国外廉价奶的冲击下，中国奶市场价格已经被严重高估；再如由于国内一直采用对大宗农产品粮食的政府收购，导致国内粮食相对于国外粮食价格过高，进口的冲击也很大。这种情况也发生在铜、煤炭等大宗商品上。

中国经济2015年估计还有7%左右的上涨，2016年估计会在6.5%以下，但是趋势是明显向下的，而且目前没有任何迹象见底。

从以上分析可以看出，人民币存在贬值的压力，但是央行手中有庞大的外汇储备，可以保证人民币不出现大幅贬值。这里的问题关键就是，如果美元还长期升值，人民币是否还跟着上涨。

答案显然是否定的，如果美元长期升值，货币当局必然为了保护国内的产业，不会跟着美元，而是和美元脱钩，盯住以美元、日元和欧元为主要成分的"一篮子"货币。此前的汇改政策其实就是以"一篮子"货币为汇率锚的，但是在实际操作中还是盯住了美元，显然这种方法是不合适的。

如果不发生大规模金融危机，人民币汇率必然不会跟随美元贬值，而是真正地挂钩"一篮子"货币。这样既摆脱了美元带动的升值压力，也稳定了与欧盟和日本等贸易伙伴的关系，稳定了宏观经济。

因此，笔者认为，相对于金融市场的改革和开放，尤其是汇率的市场化改革，人民币国际化应该是一个自然的过程。就目前的经济形势而言，高层对人民币国际化抱有过高的不切实际的想法。

资金流出规模扩大

国际收支形势和结构是一个国家宏观经济的核心部分，因

| 货币风暴

为国际收支的变化决定着资金的流向,资金流向又决定了本币币值的变化,是未来汇率和利率决定的最重要因素。这从人民币汇率十多年的变化中可以看出来。

人民币汇率真正的变动是从加入WTO、加入全球制造业产业链的环节、并成为世界工厂时开始的。这时候大量价廉物美的商品涌向世界,中国呈现出几十年持续的双顺差,并且这个双顺差是持续扩大的,最终积累的是大约4万亿的外汇储备。这对人民币汇率形成了强大的升值压力。

货币当局为了维持这个世界工厂的地位,其实长期实行了压低人民币汇率的政策。即使从2005年人民币汇率升值开始,也基本是盯住美元的汇率政策,资金大量涌入中国,成就了当今中国的经济。

然而这个模式已经开始被打破了,资金不是持续流入中国,而是持续流出,且流出的规模正在不断地扩大。这个迹象从2012年就已经开始,到了2015年初,这个拐点已然确立。

外汇局2015年2月4日公布的数据,被媒体表述为中国2014年四季度资本账户录得至少是1998年以来的最大规模赤字。

2014年四季度,我国经常项目顺差611亿美元,其中,按照国际收支统计口径计算,货物贸易顺差1693亿美元,服务贸易逆差733亿美元,收益逆差244亿美元,经常转移逆差104亿美元。资本和金融项目逆差912亿美元,其中,直接投资净流入610亿美元。这导致的直接后果是国际储备资产减少了300亿美元,其中外汇储备资产减少了293亿美元。

而2014年全年的情况则是,我国国际收支经常项目顺差2138亿美元。其中,货物贸易顺差4719亿美元,服务贸易逆差1981

亿美元，收益逆差298亿美元，经常转移逆差302亿美元。资本和金融项目逆差960亿美元，其中，直接投资净流入1985亿美元。国际储备资产增加1178亿美元，外汇储备资产增加1188亿美元，特别提款权及在基金组织的储备头寸减少11亿美元。

我们不用采取过长的期限做对比，仅以2013年对比。

2013年我国国际收支仍然呈现"双顺差"，其中经常项目顺差占GDP的比重为2.1%，已经较2012年下降0.5个百分点，是9年来的最低水平。

2013年，中国国际收支经常项目顺差11688亿元人民币（折合1886亿美元），资本和金融项目顺差15061亿元人民币（折合2427亿美元），国际储备资产增加26749亿元人民币（折合4314亿美元）。2013年，中国国际储备资产增加8017亿元人民币（折合1308亿美元）。

2012年全年国际收支其实出现的是经常项目顺差，而资本项目逆差的2012年，中国国际收支经常项目顺差1931亿美元，资本和金融项目则为逆差168亿美元。这个数据中经常项目顺差稍低于上年，但资本和金融项目逆差远低于上年。

2013年资本和金融项目的逆差，很多人可能以为是我国企业对外投资扩大形成的。不过要注意，外汇局的数据是直接投资净流入610亿美元，而我国企业2013年对外直接投资达1400亿美元，那这部分钱是怎么流进来的呢？2014年直接投资净流入1985亿美元，从以上两个数据比对看，就能看出至少在直接投资项下资金是大规模流入的。而即使在直接投资净流入这么高的情况下，资本和金融项目也是大幅逆差的，可见资金流出规模之罕见。

很多人认为2014年第四季度的资本和金融项目逆差扩大可能是人民币贬值所致，事实上，10月人民币是升值的，最后两个月才是贬值的。如果央行没有干预汇率，则10月资金是流入的，最后两个月是流出的，也就是只有大约一个月的流出量就达到了以上水平。

资金流出的原因本质上还是宏观经济的下行，投资收益下降，估计2014年11月22日央行降息对资金流出有一定的刺激作用。

按照中国经济目前的情况，央行应该放松货币，如降息或者降准来刺激经济增长，但是在这两个动作尚未开展之际，就出现这么超出预期的资金流出，这估计是对未来央行货币政策的一大考验。如果降息降准，人民币汇率贬值的压力更大，资金流出会更多；如果不降息降准，经济更加不景气，资金也是照样流出。如何抉择，真正的考验才刚刚来临。

资金流出有迹可寻

2015年4月31日，国家外汇局发布数据，2014年全年跨境资金基本呈净流入状态，2014年外汇储备资产增加1188亿美元，其中经常项目顺差2197亿美元。资本和金融项目顺差382亿美元，其中，直接投资净流入2087亿美元，证券投资净流入824亿美元，其他投资净流出2528亿美元。

而第四季度资金呈净流出趋势。经常项目顺差670亿美元，其中，货物贸易顺差还是大幅扩大的，为1734亿美元；服务贸

第四章 人民币高估

易仍然呈现逆差，为 672 亿美元，收益逆差 288 亿美元，经常转移逆差 104 亿美元。

值得关注的是，资本和金融项目逆差 305 亿美元。这其中，直接投资净流入 712 亿美元，证券投资净流入 220 亿美元，其他投资净流出 1239 亿美元。国际储备资产减少 300 亿美元，其中，外汇储备资产减少 293 亿美元。

通过以上数据可以看出，第四季度逆差中，直接投资和证券投资的净流入额度还是很大的，但是在其他投资中，净流出达到 1239 亿美元，最终导致外汇储备资产减少了 293 亿美元。

从 2014 年全年看，第一季度外汇储备增加 1258 亿美元，增幅还是比较大的，但是比上年同期减少 324 亿美元。第二季度也是增加的，但是增幅下降比较大，增加了 228 亿美元。从第三季度开始，外汇储备开始减少，不过减少的额度很小，只有 26 亿美元。看来，从上一年第四季度起出现了资金比较大的流出迹象。

资金呈现逆差最大的是其他投资，其他投资基本可以看作热钱。近年来，"其他投资"项下的国际收支波动很剧烈，可以迅速地由正转负，再由负转正，对国际收支格局的影响非常大。

2015 年第一季度外汇储备数据尚未公布，不过从外汇局人士的表态来看，第一季度资金是呈净流入的。这位人士称，2014 年 8 月到 12 月，资金出现流出迹象，但是 2015 年 1、2 月跨境资本流动出现了反转，跨境收支目前依然是净流入。外汇局数据显示，2015 年 1、2 月跨境资金净流入为 551 亿美元，同比增长 38%，其中在货物贸易项下净流入 449 亿美元，同比增长 5.6 倍。

| 货币风暴

从最近几年的资金流向看,前半年净流入比较大,而后半年净流出比较大,这已经成为规律。因此,从第一季度的数据判断资金流向,说服力不大。不过2015年第一季度的资金流入,可能与欧洲启动量化宽松政策有关。

其实,中国外汇储备的增长基本上是一个国际经济不平衡的结果。这个不平衡导致了2008年的金融危机,而这个危机也其实是国际经济的一个自动调整过程,经济正在从不平衡走向平衡,或者走向另一个不平衡。这一点从中国外汇储备资产的变化中就可以看出来。

我们注意到,中国外汇储备从本世纪初开始大幅增长,人民币汇率改革后增速扩大,到了2007年外汇储备增速到了顶峰。2008年后开始逐渐走下坡路,到目前虽然仍然是净增加,但是增加幅度大幅收窄。可以预计,2015年有可能是净减少的一年。

我们看,2013年中国外汇储备资产增加4327亿美元,2012年增加1300亿美元,2011年增加3848亿美元,2010年增加4481亿美元,2009年增加4531亿美元,2008年增加4178亿美元,2007年增加4619亿美元。其中2007年的增幅达到了43.3%。

2000年末,我国外汇储备余额仅为1656亿美元,2001年同比增长28.1%,达到2122亿美元。此后几年,外汇储备余额同比增长速度都超过了30%。其中2002年增长34.9%,2003年增长40.8%,2004年增长51.3%,2005年增长34.3%,2006年增长30.22%。2006年2月底,我国国家外汇储备超过日本,跃居世界第一。2006年底,我国外汇储备首次突破1万亿美元,达到10663亿美元。

这个数据的转折隐含了最近十多年国际经济结构演变的巨

大秘密，对于观察国际经济和国内经济的变动趋势具有非常重要的意义。

目前央行资产负债表上出现外汇储备增幅放缓或者减少，其中还有一个趋势是，境内的银行或者个人，把一部分人民币资产转变为外汇存款，或者有些出口企业没有把收到的外汇进行结汇，而是直接作为外汇存款。

这种趋势的出现，一个原因是央行结售汇管理政策的改革，另一个原因是对于人民币汇率的预期。我们看到，上一年12月末外币存款余额5735亿美元，同比增长30.8%，全年外币存款增加1084亿美元。而2015年1、2月外汇存款的增加幅度更大，1月末外币存款余额6557亿美元，同比增长26.2%，当月外币存款增加452亿美元。2月末外币存款余额6744亿美元，同比增长27.6%，当月外币存款增加187亿美元。

就目前资金流动和居民对货币资产的持有情况而言，基本上还是理想状态，外汇储备减少也是货币管理的一个目标，而民间外汇持有量的逐渐增加也是一个好现象。当然要持续达到以上目标，最关键的是国内经济的增长，以及有效和适当的货币政策。

所以不必讳言资金流出，资金流出也并非就会唱衰中国经济。只要经济上不出现大的波动，房地产泡沫就能够逐渐释放，地方债务就能够稳定缓释。目前看来跨境资金流向对中国超大型的经济影响是比较微弱的，而人民币汇率形成机制可能还会长期盯住美元。

| 货币风暴

外汇储备巨降探因

做投资趋势才是王道,认清趋势才可以走在风口,而资金的进出则预告了市场最核心的信息,就当前中国金融市场而言,外汇储备的微妙变动自然是中国金融资产价格的执牛耳者。

2015年一季度中国外汇储备减少1100亿美元,为连续第三个季度下降。在笔者的记忆中,这是中国外汇储备历史上资本流出最大的一个季度。如果按照这个速度流出,则中国目前存量的外汇储备彻底流出仅需区区八年时间,如果按照必要的外汇储备存量算,则五年时间就足以让中国外汇储备发出预警信号。

2015年一季度外汇储备下降为何如此之多?寻找原因,从方向上看,外汇储备无外汇流出和流入。先从流入上看,一季度我国贸易顺差7553.3亿元人民币,同比扩大6.1倍,差不多为1200亿美元。一季度以人民币计的出口增长4.9%,进口下降17.3%。也就是说,从货物贸易上看,资金流入是激增的,原因是虽然出口增长速度在下降,但是进口下降更猛,导致外贸顺差激增。

如此算来,2014年一季度,如果算上流进来的1200亿元美元,则流出的资金达到2300亿美元。

货物贸易激增达六倍之多,但是外汇储备却在巨额下降,这表明在资本项目下,资金流出非常严重。从上一年外汇收支的情况看,最近两年资本项目下资金流出已经成为常态,则从资本项目下的其他投资部分流出是可以肯定的。

那么资金是通过哪些渠道流出的呢?一般认为外汇储备的

第四章 人民币高估

减少是三个方面：一是外汇存款增减，也就是居民开始持有外币；二是估值因素，如部分外币币值下降；三是央行通过公开市场操作在抛售美元。我们现在要探讨的是在这三个因素中，哪个是最主要的？

从外币存款来看，央行最新公布的金融统计数据显示，2015年一季度外币存款增加835亿美元，同比增长27.6%；而实体经济外币贷款仅增加人民币61亿元，2、3月连续负增长，这还是外币负债去杠杆化的表现。外币存款增加的情况，从2014年就开始了，不过2015年一季度额度增大。

原因自然是，市场预期美元汇率可能长期走强，而人民币汇率长期走弱，激增的外贸顺差可能导致外币的涌入。企业没有选择结汇，而是以外币的形式存在银行，这是居民企业对外币资产的一种摆布形式。更值得注意的是，这部分美元存款者大多数是企业，是银行帮他们如此安排币种选择的。由于他们长期在实体经济，对宏观经济有切身感受，他们的投资选择可能是未来币值变化的一个风向标。

第二个估值的因素，我国外汇储备，如果按照贸易权重来算，美元的比重差不多应该在60%以上，而欧元估计也就在30%左右。尽管一季度还是美元对欧元大幅上扬的过程，欧元对美元从年初的1.27跌到现在的1.05，由于美元占比较重，仅仅估值的因素损失应该很小。

还有一个渠道是央行在公开市场抛售，这个由于相关信息不透明，无法验证，只能通过有限信息和市场表现进行推测。我们从人民币兑美元的走势看，从2015年初起，人民币汇率基本在6.21附近，但是期间波动很大，形成一个小山峰，山顶是

| 货币风暴

3月3日的6.2756，也就是从年初开始，人民币随着美元的大幅升值开始贬值，但是到3月3日，美元指数已经到95，开始直接往100奔跑，最终到了3月16日达到短期的高点100.30。但奇怪的是，当美元在往100点做百米冲刺时，人民币却选择了跟着美元冲刺，开始升值的步伐，直到3月16日美元从高点回落，人民币采取升值的状态。而就在这个时候，央行很有可能选择抛美元拿人民币的动作，这是为了稳定人民币。

我们再观察一季度的人民币市场，则大多数时间利率是上涨的，此后央行在公开市场连续引导货币利率下降，但是1到2月大多数时间利率是高企的。还是央行通过连续多次逆回购，从3月下旬开始下降，这也从另一个方面证明，央行是在公开市场上进行了抛售美元，做多人民币的操作。

外汇储备减少可能还有另外一个渠道，就是随着"一带一路"战略的推进，中国已经相继成立了亚投行、金砖银行和丝路基金等多边金融机构。其中资本金的币种都是美元，而中国自然是占比最多者，期间也消耗大量外汇储备。只不过这个在会计上怎么记账，这部分资金在没有支出之前，是在央行外汇储备账上，还是已经拨出去，在外汇储备中怎么体现，或者还是体现在商业银行的外汇存款中。这些都不得而知，所以也无从推测。

外汇储备和中国的存款准备金率是一体两面。正是由于中国的汇率政策，导致外汇储备的增多，而外汇储备又形成了外汇占款，周小川于是造了个池子，这就是高企的存款准备金率。

宏观经济下行压力越来越大，一季度GDP已经到7%的底线，央行手里最顺便的工具，就是放开池子，开闸放水，降低存款准备金率。这是当年池子理论的体重应有逻辑,当然降息和其他释放流动性的工具也是可选项。

央行选择了保利率

保利率还是保汇率,这是个问题,但是这个问题已经在今天被央行回答,很显然是选择了前者。笔者认为这个回答是正确的,也是笔者一再写文章推崇的。

中国央行从 2005 年汇率改革,开始启动对美元的软盯住之后,就必将或迟早要面对这个问题,就是在汇率和利率之间做权衡的问题。

当年采取对美元软盯住、人民币一路缓慢爬行的策略,最终的结果是 4 万亿美元的外汇储备,以及世界第一大的央行资产负债表,发行的货币 M2 相比 GDP 总量,创下天量。周小川只有采用"池子"将这些流进来的外汇资金所发行的人民币,用存款准备金的办法储存起来。但即便如此,在市场上的货币也导致了严重的房地产资产价格的膨胀,中国的房地产价格翻了五六番,并形成大规模的房地产供给过剩的局面。这种房地产泡沫破裂危机从 2013 年底起渐露迹象,而到 2014 年和 2015 年,三四线城市房地产量价齐跌则将这种危机暴露无遗。

中国经济更为诡吊的是,竟然在货币泛滥的情况下,持续出现了钱荒危机,并在宏观经济中出现严重的通缩局面。在世界第一货币发行量的情况下,竟然又是通缩,这是什么原因呢?至少从 2015 年初来看,央行前期对经济的判断过于乐观,试图

| 货币风暴

在目前情况下，抬高人民币汇率，进行人民币国际化闯关，从而解决中国货币发行过多、外汇储备过多的问题，显然这是不太现实的。

为了维护汇率强势，央行迟迟不肯降低高企的存款准备金率，导致实体企业资金缺乏，更由于体制的垄断，资金被影子银行和国企浪费、闲置和套利，于是就发生钱荒了。

而实体经济的进一步下行已经引起资金流向的变动，无论是经常项目还是资本项目，2014年都是大幅萎缩。资本项目还出现较大幅度的逆差，而第四季度资本项目更是流出900多亿美元，第四季度的外汇储备减少了300亿美元。这说明，在目前的宏观经济形势下，资金流出成为必然趋势，即使你维持了汇率强势，也不可能留住。因为境外资金在国内不赚钱。

其实，对于新兴经济体而言，想通过维持利率而保汇率稳定，几乎是不可能的。2015年初，在卢布暴跌之下，为了稳定汇率，俄罗斯央行大幅度提升利率，而此后又不得不降低利率。因为提升利率会对实体经济产生损害，进而会在更深层次上损害汇率。

而对于中国而言，保汇率实际上保的是房地产，最终损害的是实体经济，而房地产在中国目前所起的作用只是保住了地方财政，不能保护广大的制造业。要保护一个国家的货币，一个国家的经济和就业，最核心的还是保证大量制造业企业、中小企业能够赚到钱。高企的利率尽管保住了汇率稳定，但是融资成本过高，企业不能赚钱，最终经济一败涂地，则汇率也不保。

很显然，放弃汇率，降低利率，是要付出代价的。未来资金必将继续大量流出，这对房地产市场将产生重大影响，也最终会反映在银行业的资产质量上,而这对宏观经济而言是非常危险的。

但是所有的政策都是权衡,显然保利率更重要。未来央行将要一方面防止汇率过快贬值,对房地产市场造成过大冲击;另一方面又要降低融资成本,稳定经济增长。而这一切不仅仅要靠经济自身的成长,更要依靠国际经济局势的变化。

周小川的池子放水了

美元是世界经济价值最核心的衡量标准,当它开始持续升值的时候,其他货币自然是下跌的,这是由于美元指数中欧元和日元、瑞士法郎和英镑所占份额比较高的原因。这里我们看到又有差异,如2015年初,英镑和瑞士法郎下跌就不是很明显,而且还有上涨的趋势,但是欧元和日元则处在下跌通道。这一方面是因为其经济增长疲软,另一方面则是他们都实施了大幅度宽松的政策。

而许多新兴市场国家则出现信用崩溃的现象,如俄罗斯卢布和南美几个国家,这主要是大宗商品和石油的价格下跌所致。当然包括了新兴货币的信用能力差,也就是他们可能为了维持政府财政收入,不得不大肆放水,导致宏观经济崩溃。

这一点在欧、日、美等发达国家就不会出现,所以你看欧洲和日本一直在放水,却不会导致信用崩溃。因为这有此前他们央行的信用记录,以及完善的法律和制度框架,透明的货币操作,这些都为资产的持有者增强了信心。

货币风暴

这个时候，中国央行宣布降低存款准备金率，其实是打开了货币宽松的一个通道，形成了人民币将持续贬值的一个预期。这个过程和新兴市场货币没有什么本质不同。

我们是一个新兴的转轨经济体，对于其货币政策最核心的一个操作是周小川终于把他储存在池子里的水开始往外放了。周小川的"池子论"是很有名的，是他在这轮人民币汇率改革和货币发行体制改革中的一个创新。

其实也很简单，就是把境外进来的资金都通过提高存款准备金率的方式给存起来，一旦今后需要的时候，再放出来。什么时候需要呢？就是国际经济平衡开始逆转的时候，资金开始外流的时候。这时候，社会市场上的货币往外流，如2014年四季度外汇储备减少300亿美元，资本项目逆差达九百多亿美元，这表明资金流出，社会上货币已经不够使用了。

不仅仅资金不进来了，外汇占款基本逐渐消失，央行在外汇市场上也退出了常规干预，由外汇占款形成的货币创造机制休息了，而且资金还在往外流，那么周小川的池子就开启了。

那么，这样做的后果是：人民币汇率开启了下降通道，这个过程是一个比较漫长的过程。一方面因为中国是一个超大型经济体，货币贬值不会如预期那么快，那么激烈；另一方面则是因为中国央行手里有庞大的外汇储备，可以控制贬值的过程。这是人民币与新兴市场货币不同的地方。

所以在发达国家和新兴国家之间的货币贬值中，中国处于中游，中国的货币贬值实际上是被迫的，这从人民币在所有货币中最后一个贬值就能看出来；但是人民币的贬值至少在相当长的时间内是可以控制的，这是由于中国家大业大。这是不同于新兴货币的,而这一点也足以与欧日发达货币相抗衡。

正是由于中国是一个超大型经济体,有着庞大的外汇储备,其贬值的过程将不会重复其他货币贬值的历史。

例如,人民币贬值过程中,央行为了维持它缓慢贬值,必然要抛售外汇储备,而大部分外汇储备目前购买的都是美国国债,那么必须一步步地抛售美国国债。对于美国国债的抛售,会抬高美国国债利率,对美元形成一定的打压,这样就会形成一个跷跷板效应。当然,中国抛售美国国债并不足以对美元构成实质性的打击,因为毕竟还有其他资金补充,在这个过程中赢得了宝贵的时间。

此轮从降准开始到人民币贬值空间开启,是中国货币政策的均衡性回归,向人民币汇率改革前的方向移动。当然在哪里能停下来,目前无法预知。

人民币汇率现在是平衡水平吗?笔者不这么认为。人民币汇率此前是对中国宏观经济的实力预期过高,已经升值过度。按照目前的趋势,未来很可能有一个较大幅度的贬值。

不过,庞大的外汇储备给改革和调整赢得了宝贵时间,货币币值最本质的支撑是经济内部增长的创新活力,经济创造价值的能力,是开放性、竞争性、创新性的制度框架以及透明、公正的法制体系。如果这个制度体系能够建立,则人民币就会向稳定的均值回归并开始稳定下来。

因此,人民币汇率未来能否避免如新兴市场货币那样的信用崩溃,能否如欧日货币那样在主动放水的同时,保持信用稳定,关键还要看未来几年我们能否建立起这样的法治市场经济体制。

| 货币风暴

国人何以抢购日本

2015年春节期间，突然传出中国人去日本抢购生活用品的消息，从电饭锅到马桶盖，品种五花八门。这种抢购有点让人难以相信，而央视的报道有图有真相：东京著名电器街秋叶原，一上午就有十几辆大巴满载中国旅行团专程到这里来采购。

不仅仅是一般生活用品，还包括粮食，如此前印象中贵得离谱的日本大米。报道称，中国大陆旅客现又掀起抢购日本大米的热潮，有大陆人甚至不惜花近1500元人民币来买5公斤的日本大米。如果按照这个说法，则1公斤日本大米的价格是300元人民币，现在看来也是贵得离谱。

尽管有报道称，抢购的这些商品很多是中国制造，但是笔者认为，中国消费者去日本旅游以及消费的增长是趋势性的，并非个别现象。那么是什么原因造成中国人对日本货物的疯狂采购呢？从目前来看，主要是日本商品质量好，如马桶盖和电饭锅等商品，由于日本制造历史较长，竞争充分，以消费者需求为中心不断完善产品功能，比较人性化，售后服务也不错，这是日本制造得到中国人青睐的基本原因。

另外，还有一个原因则是中国有钱的人太多。这几年一方面是民营企业老板，金融等垄断领域员工收入高；另一方面体制内人士通过各种手段积累了大量财富。这些财富积累到一定程度，就会出现奢侈型的消费需求，对品牌和消费质量的要求日益高涨。中国最近几年制造业质量已经大幅度提高，但其尚处在初级阶段，对于更高端的市场需求是不能满足的。所以前几年我们只听说中国富人去欧美国家横扫奢侈品牌的新闻，估

第四章 人民币高估

计经过几年的狂购，奢侈品牌的需求已经趋于饱和，现在他们对于低端的日常的家用物品的质量也有了更高的要求，那么日本的产品正好进入他们的法眼。

这里边更为重要的临界点因素其实还有一个价格的因素，而价格的背后是汇率的因素，也就是相对国人而言，日本的商品变得便宜了。

其实改革开放初期，日本商品就曾经多次横扫中国大地，国人对日本商品的疯狂早就有过几波，只不过那时候主要是进口商品，因为能够出国购买商品的人毕竟有限。此后，日本商品主要还是在相机和汽车等大件商品领域，而如电视、电冰柜和空调等日本占领中国高端市场的商品则在近几年几乎被挤出了中国市场。这个原因一个是中国的商品实在太便宜，另一个是中国的商品质量提高很快，有些甚至超过了日本商品，也就是在价格和质量之间，性价比方面，中国商品是占上风的。

但是，2015年以来为何突然又出现日本商品被抢购的现象呢？从质量方面来看，日本商品质量一直很好，而中国商品质量提高更快，但是这个提高跟不上人民币汇率的升值。由于人民币汇率最近两年相对日元升值过快，中国商品质量的提高几乎可以忽略不计。也就是说，由于人民币升值过快，日本商品的性价比已经超越中国商品，当然这可能是少数高端商品。

日本从2012年开始，"安倍经济学"登场，实行大幅度的量化宽松政策，其中最核心的是对日元进行贬值。日元对美元加速贬值，日元对美元从2012年的最高点75，贬到之后的120。而人民币则是对美元升值，日元也就跟着大幅度贬值。2012年安倍晋三上台前，100日元换8元人民币，现在则差不

| 货币风暴

多是 5 元人民币，也就是说 1 元人民币能换 20 日元，这个升值幅度大概是 60%。简单讲（假如忽略其他因素），这意味着一个对日企业的出口利润率 2012 年前是 60% 的话，那么现在就是 0；而一个日本对华的出口企业此前利润是 0 的话，现在就是 60%。这就是货币战的乾坤大挪移。

日元对人民币的大幅贬值，必然意味着，相对于中国消费者来说，日本商品的物美价廉。即使中国制造最近几年卧薪尝胆，也不能对这个乾坤大挪移有丝毫影响。而反映在国际贸易和消费行为上，就是中国赴日本旅游的人数大增，以及日本商品被中国富人抢购的场景。

很久之前，笔者就预计 2015 年是人民币贬值年，但没想到央行受到的压力来得这么快。一旦在国际贸易上出现类似国人抢购外国商品如此明确的信号，央行肯定是坐不住的，人民币今年必然贬值，贬值幅度可能会超过 5%。

强势的人民币是必须的吗？

随着中国经济进一步融入世界经济大潮，成为世界制造业产业分工链条上的重要一环，金融业的地位逐渐凸显，人民币在国际经济中的定位就尤为突出。而一个国家本币在国际金融体系中所占有的位置，一方面与其经济和政治地位有关，另一方面也与该国政府对本币的定位有关，更为重要的是，与经济金融体系的健全和成熟有关。一个开放的、深度的、高效的金融市场是一个货币强势的重要保障。

第四章 人民币高估

而人民币目前就处在一个如何定位的问题上,即使此前已经定位,目前也面临着一个微调的问题,如几年前央行提出人民币国际化,这显然是初步把人民币打造成强势货币的态度。因为如果人们通过人民币投资不能有较高预期的话,人民币很难强势,也因此就很难成为国际货币,至少在初期是如此。

然而,从2014年2月开始,人民币结束连续上涨的格局,开始进入贬值或者双向波动的历程。2015年春节过后,人民币即期汇率连续两个交易日逼近跌停,3月2日,人民币对美元即期更是创近29个月新低。其根本原因是中国经济金融下行周期,劳动力成本太高,制造业竞争力减弱,反映在外贸上就是出口逐渐减弱,而在资本项的逆差更是大幅增加,支持人民币上涨的力量正在弱化。

这时候,市场多位人士认为,人民币其实已经估值过高,有人主张人民币应该适度贬值,以拯救正处在危机边缘的中国制造业。占中国制造业主体的低端制造业,由于劳动力成本高企,环境成本上升,再加上人民币的升值,这几年已经到了风声鹤唳的境地。人民币跟着美元升值,直接封杀了这些行业的国际市场。

这样的立场是否能得到政府的认可呢?至少从2015年8月11日汇率改革以前,答案是否定的。即使到了2015年"两会"期间,央行的态度还是要维持汇率稳定,央行副行长易纲表示,人民币是美元之后走势第二强的货币,评价人民币不能只看对美元的汇率,"去年欧元日元对美元贬值幅度都超过了10%,去年全年人民币只相对美元贬了2%,我们的实际和名义有效汇率都是走强的。同其他金砖国相比,中国货币是最强势的。所以要全面看问题，不能光看对美元汇率，要看一篮子汇率"。

对于一个资产的价格，政府的表态是市场化的、中立的。人民币事实上也是一种资产，作为金融专家的易纲这样表态，不会不知道其市场反应。从这个表态来看，政府是倾向于人民币强势的，至少不能过度下跌。

易纲还指出，从增长、贸易、国际化等角度看，人民币有在合理均衡水平上保持基本稳定的基础，"第一，中国增长前景依然看好，全世界看我们的 GDP 增长仍比较快。第二，汇率还要看国际收支。（我们）经常项目仍然是大的顺差，贸易上也是顺差。第三，近五年人民币较快国际化，不仅仅贸易投资上用人民币，各国资产管理者愿意在资产配置上用人民币，持有人民币债券、股票、人民币标价的资产，对人民币有需求。人民币有在合理均衡水平上保持基本稳定的基础"。以上是 2015 年"两会"期间央行关于人民币的权威观点。尽管是静态的历史数据，但是也表明了政府对未来经济的乐观态度，以及对人民币的态度。

对于目前的汇率制度，易纲表示会保持长期的稳定。例如，也有人认为在强势美元的背景下，由于人民币几乎挂钩美元，造成相对欧元、日元、澳元等主要货币的严重高估，对出口行业形成严重打击，我们应该调整"一篮子"货币。但是易纲认为，"我们国家有自己的'一篮子'货币，国际清算行也有'一篮子'货币，全世界国家都有自己的'一篮子'货币体系，因此我们调整不调整并不是非常重要的问题"。再比如对于扩大浮动幅度等政策，也表示要维持目前政策。

当然政府担心的肯定是人民币汇率下跌的一致预期会导致

资金大量外流而刺破房地产泡沫。然而，问题在于，人民币汇率过于强势，尤其是盯住美元风险很大。美国加息在即，进入加息通道，加息绝不仅仅是一次，这是规律。美元还将大幅上涨，人民币如果还盯住美元，则制造业就会遭受重创。

无论如何，制造业才是一国的重器，而非房地产。政府必须在确保风险的前提下，将经济从房地产的战车上解救下来，转向重新寻找制造业创新成长的新途径，只有这样才是人民币未来强势的根本保证。

美元升值意味着什么？

美元升值，意味着作为世界价值中枢的货币开始吸收资金，那么此前实行了过于宽松的货币政策的国家的货币，都将面临贬值的压力。尤其是新兴市场国家，由于经济增速放缓、逆差加大、外债增多、财政赤字等，这样的风险几乎是注定的。

2015年3月12日，央行行长周小川召开的记者会上，最大的看点是美元升值可能导致中国资本流出的问题，这时候，重要的不是热钱，而是正常资本的流出。对于这个问题，周小川和易纲的回答都非常坦率，对于目前现状的回答也是比较客观的，但是资本流出问题的核心是未来，现在只是开了个头而已。

对于未来，谁知道呢？

热钱就是短期套利的资金，这部分资金会随着汇率的变动、不同国家利率的变动来回套利，熨平不同资产的价格波动。其实一般而言，正常存量的热钱套利流动对一个中型经济体的国

| 货币风暴

家来说,影响是可以承受的,更何况中国这样一个超大型经济体对于存量的热钱流动几乎可以无视。

但是在一定的情形下,正常的资本流动会变成热钱,如正常的国际贷款、正常的货物贸易资金、正常的FDI、正常的证券投资资金等。在什么时候他们会变成热钱,那就是周小川讲的,世界上有其他一些国家的资本外逃是由于对本国的环境丧失了信心,认为财富没有保障,所以资本外逃。

中国在2015年应该还没有到这种情形。从2014年美联储开始退出QE,到2015年酝酿加息,国际市场风云突变,美元飙升气势恢宏,2015年甚至突破100大关,但是人民币却未见有多大的贬值。这中间,固然有央行外汇储备的保驾护航,而中国经济就目前的状况而言,在全世界也不算很差,甚至还有偏强的增长力。

即使如此,周小川仍然坦诚:"中国也有这种现象,但是与正常的投资贸易相比,这个数量也不是很大。"他进一步说,如果2015年美联储对美元加息,金融市场的人可能会考虑当前多买一些美元,或者有一部分美元存于境外,这是合理的,这种倾向肯定是存在的。

不过他对记者说,美联储所放出来的信号,这个动作是比较小心谨慎的,曾经也用过,但还是有耐心的。总之,这里有一些摆布金融资产的机会,但并不会带来巨大的差异、巨大的投机机会,所以就我们目前所观察的情况,认为它并不能构成一个非常大的威胁。

那就是说,目前这种资金外逃的情形存在但是很轻,其中一个原因是美联储的动作小心谨慎。

但是周小川没有进一步回答的是,美联储的小心谨慎是不是持续的，是否能够永远小心谨慎？美联储的动作逻辑是外生的，是经济条件决定的，还是美联储凭借自己的主观意志决定的？

答案是否定的。美联储小心谨慎的主要原因不是因为害怕对国际金融市场产生冲击，而是怕给国内经济产生冲击。因为2014年以来美国经济尽管在复苏，但是很曲折，经济数据时好时坏，如果不小心谨慎，就可能把经济增长的好势头给打消了。

如果未来美元过度升值，影响到美国经济发展，或者美国物价开始发生通胀现象，为了使美国经济健康发展，美国会毫不犹豫地加息，并且不止一次，历史就是这么过来的。这就不是小心谨慎了，对新兴经济体的冲击将是非常大的，这一点不知道央行有没有预案。事实上，2015年12月加息开始启动，而第二次加息正在酝酿。

对于从2014年以来美元升值后，中国人或者国外居民对资产摆布的选择，易纲更是透露了一个敏感的数据。2014年，企业和个人在境内金融机构的美元存款增加了一千多亿美元，2015年1月境内的美元存款又增加了四百多亿美元。这说明什么？说明我们的企业、个人、金融机构在目前的经济环境下，都在优化他们的资产负债表，根据预期来调整资产的货币结构和负债的货币结构。

易纲把这种现象叫作藏汇于民的好现象，但是藏汇于民就目前的金融市场而言，恐怕不是一个好现象。目前，美元直线升值，居民可以藏汇，但是就长期来讲，在中国缺乏产品和市场为美元做投资保值，恐怕简单地拿外汇现金并不是一个长期选择。

那么如果未来出现周小川所讲的"失去信心"的境况，一

| 货币风暴

些产业资金、投资资金，可能并不会以美元的形式在境内存放过多，而是要去国外寻找投资机会和保持增长的资产，这就会形成正常资本的外流。

易纲最后说，当然了，我们也在警惕一些不正常的跨境资金流动。

美元升值，国际资金在中国的流向问题是易纲每天思考的对象，足见这个问题在目前的重要性。综观欧洲金融史，一个弱货币国家，在强势货币升值，或者资本大幅流出时，都是要付出重大代价的。英镑和法郎这样的强势货币都在金本位、金汇兑本位的变迁中发生过很大的风险。一个新兴经济体更是不在话下，如亚洲金融危机时期的"亚洲四小龙"的货币和南美洲几个国家的货币。而对于中国这样一个超大型经济体，如何预防资本大幅流出，以及资本流出后对本币会产生怎样的冲击，事实上在全球货币史上都是一个全新的课题。

降工资还是降汇率？

降汇率还是降工资，二者必择其一。

一个国家本币汇率的变动，尽管是由非常复杂的因素决定的，但是从长期来讲最根本和核心的因素还是劳动生产率水平的高低。如果一个国家的劳动生产率相对于另外一个国家高，则其货币就有升值的趋势，反之则反是。

2015年3月6日周五那天美国非农就业数据出来以后，美元以气吞山河之势，一举攻占97的整数关，而在周一和周二这

第四章 人民币高估

两日，其上攻趋势非但没减弱，反而有加强的趋势。周二，美元指数续涨，再次掠过 98 整数位，刷新 11 年半新高 98.50，非美货币纷纷下挫，而欧元兑美元大跌 1% 至近 12 年新低 1.0733。欧元的弱势有两个决定性因素，一个是欧洲央行正式开始大幅放水，另一个是希腊债务危机正在火烧眉毛。

而日元则更是一蹶不振，美元兑日元升破 122 关口至 7 年半新高 122.01。澳大利亚元兑美元刷新 5 年半新低 0.7602，新西兰元兑美元刷新一个月低位 0.7256。

但是让人们称奇的是，人民币却没有受美国非农就业数据的影响，周一、周二两日总的来讲还是对美元升值的。尽管升值幅度很小，但是考虑到美元的强劲，人民币保持这样的成绩实属不易。我们看到这两日，央行给人民币兑美元的中间价一直是升值的，表明央行在人民币跌破 6.28 的高位后，维持人民币升值的决心。

从笔者此前对于 2015 年"两会"期间政府工作报告的分析以及央行副行长易纲对于人民币币值稳定的表态中，可以看出央行事实上将会不惜代价维持人民币名义汇率的稳定，因为至少在某些经济学家和管理层看来，维持一个人民币汇率的稳定，将保持境内资产市场，尤其是房地产价格的稳定，而房地产几乎是中国经济目前的核心之一。因为只有人民币汇率稳定了，才会把商业银行的资产负债表维持在一个比较好看的状态。而人民币的稳定对于未来即将展开的"一带一路"和"长江经济带"等大战略，以及人民币国际化战略等，的确是一个中流砥柱的作用。

但是从目前的国际贸易收支和资金流向，以及国内的宏观

| 货币风暴

经济状况等层面看,要维持人民币汇率的稳定困难很大。贸易顺差正在逐渐缩小,而资本项下的逆差在扩大,美元的强势升值,以及未来美联储启动加息预期,都让国际货币市场产生倒转乾坤的变化。

美元指数下一个阻力位就是100,如果突破100,就有望攻占2001年的历史高位121,当然美元相对近的历史阶段还在1985年达到过164的高位,当然此后美元还是突破了100,之后又掉下来了。美元在2015年加息一次,对美元的升值加码很大,此后美元还将必然加息。这是由于美国经济的强势,欧日经济的疲软,尤其是新兴经济体的一蹶不振,是历史上所罕见的。

这个时候要维持人民币的稳定,还能做的是什么呢?我们看到俄罗斯的一个案例,2015年俄罗斯由于石油价格的下跌,出口收入下降,以及西方的制裁,导致俄罗斯卢布大幅贬值,卢布对美元汇率半年内暴跌40%。俄罗斯不得不以升息来阻止资金流出,但是这样会制止经济发展,所以最后俄罗斯不得不降息,但是这无助于维持卢布汇率的稳定和通货膨胀的稳定。在这种情况下,如果俄罗斯不实行资本管制,不放弃资本账户开放,那么唯一的办法就是降低薪水。

普京还真这么做了,普京要求把包括他自己在内的俄罗斯高官的工资一律削减10%,在这样一个独裁国家,高官的工资都减了,其他人还能不减吗?其实,随着经济的萧条,本币的贬值和通货膨胀,使许多中小企业已经开始了裁员减薪,这是自动的工资调整。

也就是说,你试图维持本币名义汇率稳定,则必须在内部自动裁减工资。但在市场经济下,企业的工资由市场调节,名义汇率不下调，出口和进口没有得到有效矫正，那么事实上，市场化的企业包括私有企业将会在市场竞争中被淘汰，这是自动的调整。

名义汇率不动，如果一个国家的行政人员和国企，包括大量财政供养的固定薪金收入者其收入都是受政府的行政规定的，是固定的，尤其在2015年中国这样通缩的条件下。事实上，一个人名义收入的固定意味着，相对来讲，你的实际收入是增长的，再看我们国家，至少公务人员和事业单位人员的薪水实际上是增长的。

那么，如果我们未来要保持一个名义汇率稳定，从长远来讲，维护了经济和社会的宏观稳定，但是利益的分化是严重的，如保护了房地产相关行业的从业者、保护了银行金融机构的从业者、保护了P2P网贷等创业者、保护了固定薪金收入者，牺牲的却是大量在市场中找饭吃的纯市场化企业。

从2012年沿海出口开始萧条以来，中小企业就开始出现问题，延续至今，仍然在继续。而固定薪金收入者的收入事实上也出现了一定的变化，如目前社会已经形成共识的是，企业的社保负担太重。这个太重其实是相对而言的，相对目前企业正在下降的收入。

就公务人员来讲，尽管还在加薪，但是强力反腐和整顿吏治，事实上正在起到削减工资的作用，三公经费肯定在大幅下降。国企高管的收入据说才8000元，这都是趋势，其他更底层人员的薪水下降是不可避免的。你总不能老总拿8000元，老总秘书拿1万元吧。

| 货币风暴

IMF 有点像"卖拐"

2015年4月IMF在其发表的《全球经济展望》中表示,新兴市场可能连续第六年经济增速下滑,尤其是中国经济放缓速度将快于预期,预计2015年中国经济增速放缓至6.8%,2016年将放缓至6.3%,低于中国政府设定的目标。因此前房地产市场、信贷及投资领域的过剩问题将持续发酵。

那么怎么办呢?IMF在报告中给出的药方是跟着美元一起升值。他们说,2014年底以来,人民币追随美元对其他货币持续保持强势。IMF认为美国和中国短期的货币阵痛最终会带来长期的经济收益。为了支持这一论点,IMF发表的经济学模型显示了欧元和日元兑美元和人民币贬值的潜在影响。IMF假设当前汇率走势保持下去,但在未来五年内幅度将逐渐缩小。

当前国际经济中,主要经济体国家,只有美国经济独领风骚,美元升值是必然的,而日本、欧洲和中国经济都是下滑的;但是他们只认为日本和欧洲应该实行宽松货币,并使本币贬值,而中国的人民币应该跟随美元升值。

IMF发现,美元和人民币升值会令美国净出口每年减少国内生产总值(GDP)的近1%,令中国净出口每年减少GDP的近2%。但是这样就换来了欧洲和日本的经济增长,出口飙升。反过来会让美国和中国的出口增长,并最终促进全球经济复苏。

我怎么听着这话这么熟悉呢,很有赵本山"卖拐"的味道。简单讲就是,你现在暂时做点牺牲,但是未来你肯定会得到益处的。这逻辑太苍白了,谁知道未来是什么样?美国的经济能一直持续强势吗?日本和欧盟经过货币宽松就一定能复苏吗?

第四章 人民币高估

日本已经宽松两三年了，现在还在挣扎。欧盟的经济并非周期性因素，而是结构性的，很多穷哥们儿在占富哥们儿的便宜，还动不动以各种手段耍流氓，这样的货币经济能起多少作用？

当然中国的经济发展目前依靠良好的国际环境，尤其是欧洲的支持，"一带一路"战略，被寄予了中国新一届领导的中国梦，希望通过这个战略，把中国的过剩产能带出去，把中国的制造业提升到一个新的高度，比如工业4.0。花掉几万亿美元外汇储备，然后把中国人民币首先纳入SDR的货币篮子，这是人民币国际化最重要的一步，并提升到国际储备货币的地位。也就是现在中国高层一直梦寐以求的要大力推进人民币的国际化，所以，高层最近表态了，不希望人民币继续贬值。

人民币到底应不应该贬值，目前处在非常敏感的地位。首先，中国的人民币不是市场化的，是政府控制的，也就是说未来贬不贬值，是政府说了算。但是其实又不是政府说了算，因为中国宏观经济目前几乎所有的东西都是支撑在人民币汇率上，这个政府引导的人民币汇率，造成了过去多年持续增加的外汇储备，以及由此引发的货币超发，最终形成政府的债务和房地产的泡沫。形象地说，人民币汇率相当于梯子，而债务泡沫就相当于走上梯子的人，如果人民币贬值了，这个梯子就相当于抽掉了，房地产的泡沫和政府债务就会非常危险，所以政府是不敢随意贬值的，这也是为什么政府不希望人民币贬值的原因。可以说是引着牲畜上山了就索性一直拉上山顶去，万一来一个人民币真正成为国际储备货币，岂不是这些债务泡沫都可以解决了吗？这当然是惊险一跃，也是非常理想化的。

但是本币币值决定于经济发展状况这是铁律，而经济的实

| 货币风暴

际状况其实已经非常弱了。2015年的经济数据，第一季度经济增长是7%，是六年以来的新低，六年前就是大家都知道的2008年金融危机。

经济数据其实并不足以说明中国经济的问题，因为此前的经济增长质量不高。中国的经济问题主要是此前的增长模式难以为继，新的增长模式还没有基础，创新能力不足，根本的改革瓶颈不能打破，经济活力也不能释放，如土地制度的改革和国企的改革举步维艰。更由于人口老龄化，劳动力不足，以及人口负担加重，中国经济增长的资本积累其实是正在稀释的。

而由于过去的增长模式没有新的模式替换，很可能酝酿一定的风险，如经济增速下滑过快，就可能引发房地产泡沫破裂的危机和债务风险，这才是中国经济最危险的地方。所以中国经济是一个长期的结构性问题，不是一个短期的周期性问题，不会简单地随着世界经济的复苏而跟着复苏。

按照IMF开出的药方，中国为了调整结构，为了欧日复苏，暂时忍受痛苦，等欧日复苏了，中国经济就会被国际经济复苏带动，这也太天真和一厢情愿了。中国经济的复杂性和内部的脆弱性，哪里是如此简单就能复苏的。

3%的汇率浮动区间是否能成行？

此后的事实证明，央行曾经许诺的人民币扩大波幅到3%，到2016年开年仍然尚未成行。这是由于人民币汇率突然在8月11日发生大幅度贬值，2016年开年又是一轮贬值，央行采取了在岸和离岸两个市场干预，同时加强资本管制稳定汇率；而2016年2月末召开的G20中央银行行长会议确定不贬值，中国高层也多次表态人民币没有持续贬值的基础，看来3%的波幅已是遥遥无期。这是人民币市场化改革的一个倒退。

2015年7月24日，国务院发布指导意见，要求完善人民币汇率市场化形成机制，扩大人民币汇率双向浮动区间，此后有机构发布报告认为，该政策可能在两个月内执行。

美元加息愈来愈近，美元强势升值，最终在12月加息。而在国内经济下行压力持续加大，货币政策宽松预期强烈，市场利率维持疲弱的背景下，国务院的此番政策，着实让市场人士吃惊。因为按照一般的逻辑，此时应该是政府高调宣布人民币汇率稳定，并对市场释放维稳信号的时候。

因为事实上，就目前而言，由于美联储主席耶伦的表态，在年内加息是合适的，并将长期进入加息通道，导致全球大宗商品几乎全部大幅下跌，美元强势上涨，而几乎所有货币都是大幅下挫，尤其是新兴市场货币跌幅尤其惊人。

彭博社所追踪的24种交易是最为广泛的新兴市场货币，过去一个月中有20种贬值。这些货币汇率的指数2015年以来下跌8%，目前是1993年开始追踪这一指标以来的最低水平。俄罗斯卢布、哥伦比亚和智利比索以及巴西雷亚尔5月中旬以来的跌幅领先，均有超过10%的跌幅。港元因为与美元实行联系汇率而受损最轻，仅有0.02%的跌幅。

2015年7月31日，卢布兑美元汇率在俄罗斯央行宣布降息之后大跌3%。俄罗斯央行已经暂停了对美元的采购行动，在卢布汇率近期跌势抹消2015年以来全部涨幅之后，决定暂时停止

货币风暴

对外汇储备的补充。泰铢汇率在周五跌至 6 年低位，南非兰特汇率跌至十多年以来的最低水平。

然而唯有人民币从 2014 年 2 月开始贬值之旅，此后开始一定幅度的震荡，到了 2015 年 7 月初开始，人民币汇率维持在 6.21 附近几乎是停滞不动。事实上，在此轮股市暴跌开始，人民币离岸市场就出现较大的贬值压力，但是在岸市场汇率坚挺，人民币汇率仍然维持在一个平静的稳定状态。很明显，大宗商品暴跌、美元加息预期强烈、美元强势上涨、其他所有货币都在大幅动荡的时候，人民币如此走势，必然是央行的控制形成的，这中间必然有卖出美元以维持人民币上涨对抗下跌力量的操作。

然而从长远讲，这种人为地将汇率固定在一个水平上的做法事实上是不利于经济体规避风险的。在美元长期趋势性升值的大背景下，人民币作为新兴市场代表货币的贬值是不可避免的大趋势，是不以人的意志为转移的。其宏大的背景是，国际经济发展的再平衡过程、中国经济作为资源消耗型的经济已经开始了周期性的下行，这导致了大宗商品的价格一降再降，而为大宗商品定价的美元必然升值，再加上美国经济是以高新技术为基础的，其背后有创新的体制和民主的生态系统作为支撑，美元上涨的长期趋势也是很明显的。

在最近几年国际经济发展再平衡中，大多数新兴市场国家都采取了压低汇率，以支持出口，并在境内压低利率以支持投资和消费的方式作为经济发展的主要手段。有分析认为，当汇率处于被低估状态时，出口繁荣会推动经常性账户顺差，而经济快速发展的同时又吸引了海外资金涌入，资本账户也会出现顺差。在这个过程中还包括美欧日的 QE 助推，也就形成了一个繁荣的假象。这时候会有许多国家的通胀开始走高,尽管名义利率不变,但实际汇率开始升值。这就导致新兴市场的竞争力减弱,贸易盈余缩水,甚至出现巨额贸易赤字。同时,随着建厂投资成本不再低廉,外资从流入变为流出,资本账户也变为赤字。最终,新兴市场就陷入困境:国际收支赤字、外汇储备下滑、经济增速放缓、资本加速外逃。

但就中国而言,情况则不尽相同。尽管2005年后人民币汇率是在政府的控制下升值的,但是由于其经济的实际竞争力、体制和人口等原因,其下滑程度超过预期,导致人民币升值后的人民币汇率相对经济的竞争力出现汇率被高估的状态。经济出现比较严重的通货紧缩,紧缩的状态尽管对人民币汇率有支撑作用,但是持续下滑的经济又必须央行去宽松刺激。这又是导致名义和实际利率一降再降、人民币事实上处于贬值的压力。

在汇率迎接外部冲击的情况下,最好的办法是灵活的汇率机制。当国际资金开始撤出中国时,中国货币政策最好的应对举措是,让人民币跟随市场下跌。这样做的好处是,可以使外汇储备不出现过快的下滑,从而形成国际收支更加不平衡,对汇率造成恶性循环,而且贬值的人民币对外贸形式形成支撑,顺差扩大,对内部经济有支撑作用。同时顺差扩大,也有利于外汇储备的稳定,并最终由市场寻找均衡点。

如果汇率机制过于死板,完全由央行控制,在外资大量外逃时,就会让外汇储备受到过大的冲击,形成外债危机,形成恶性循环,外资恐慌性出逃,对境内的资产价格造成威胁,最终威胁到资产价格的安全。

因此,汇率浮动区间的扩大是向这一步的迈进。当然这一步要实现，则需要在下半年里股灾的影响被控制，美联储没有加息或者加息后影响不大，宏观经济平稳，地方债置换顺利。如果这些条件都能实现，或许下半年人民币汇率的浮动区间能扩大到日内3%的幅度。

笔者预测，如果人民币日内波幅放开到3%，则可以断定人民币将有一个贬值的过程。此后看国际金融市场的变化和国内经济的情况，估计人民币还将维持在一定的区间波动，直到国际金融形势稳定。

第五章
大贬值

开启贬值时代

可以这样肯定地判断,从2005年开始的人民币升值时代已经结束,一个人民币贬值的时代已经来临。

2015年8月11日上午,央行公布人民币兑美元汇率中间价报6.2298,较上一个交易日贬值1136点,上一个交易日中间价报6.1162,人民币兑美元中间价下调幅度达1.9%。中间价创2013年4月25日以来的新低,中间价创历史最大降幅。

受此消息影响,人民币在离岸人民币汇率暴跌721点,跌幅达1.16%。而在当日的交易盘中,截至上午11:30,人民币已经大幅下跌1.46%,到一美元兑换6.3001。人民币汇率从2015年6月以来波幅非常小,就在6.21附近摆动。市场人士认为,这是中国央行为维持汇率稳定而控制的一个幅度。

人民币中间价是由央行根据前一个交易日的收盘价综合设定的一个价格,普遍认为央行正是以每日发布的中间价管理人民币汇率。此次突然暴跌,预示着管理层对人民币汇率的管理

| 货币风暴

从观念到行动都发生了较大的变化。

当前人民币汇率下跌的一个重要的宏观经济背景是最近公布的几个惨淡的宏观经济数据,首先是2015年7月出口下跌超过预期。7月进出口总额2.12万亿元,按年下降8.8%。其中,出口1.19万亿元、进口9302亿元,分别下降8.9%和8.6%;7月贸易顺差2630亿元,下降达10%。7月出口下降如此之大,大多数机构认为,主要是人民币汇率过于强势,弱化了中国产品的竞争力。

根据国家清算银行(BIS)最近的数据,2015年6月人民币实际有效汇率指数为130.08。该指数显示,在过去的一年里,尽管人民币与美元的汇率保持平稳,即美元兑换人民币的中间价保持在6.12的水平,但人民币实际有效汇率升幅高达14%。原因在于人民币汇率一直盯着美元,美元2015年强势上涨,人民币跟着美元上涨,对其他非美货币大幅升值。例如,2015年6月底,人民币兑换欧元、日元汇率中间价分别为1欧元兑换6.8699元人民币,100日元兑换5.0052元人民币,分别比2014年底升值了8.53%和2.64%。而对其他发展中国家的货币,如拉美和东南亚等出口国家的货币升值幅度则更加剧烈。

人民币汇率升值在出口数据上的显示就更加明显。2015年前7个月,中国对欧盟和日本的出口,分别下降了4.4%和11.1%。中国对欧盟出口从6月下跌3.4%,跌幅扩大至7月的12.3%;中国对日本出口从6月下跌6.0%,扩大到7月的13%。

事实上,很多人把注意力都放在人民币汇率强势可能导致的对出口的影响上,而忽略了强势汇率对PPI的影响。2015年7月PPI同比下跌5.4%,跌幅比6月的4.8%有所扩大。中国

PPI的下跌已经达到几年的时间，迟迟不收敛，并且还在扩大。PPI下跌的外部原因是国际商品价格大跌，内部原因是经济体对基本工业品的需求疲弱；而这两个因素其实正与人民币过于强势有关。由于人民币名义汇率过强会对外需形成抑制，这对PPI造成了压力。

2015年7月24日，国务院办公厅发布《关于促进进出口稳定增长的若干意见》，提出保持人民币汇率在合理均衡水平上基本稳定。完善人民币汇率市场化形成机制，扩大人民币汇率双向浮动区间，这也表明人民币汇率政策将发生重大变化。

有论者认为，当时中国正在全力冲刺加入SDR，人民币国际化的战略重要性要高于出口，所以下半年人民币可能还将保持强势。现在看来这种看法是片面的，人民币国际化并不意味着人民币一定要强势，而是要逐渐形成以市场供求为主导的汇率形成机制，其前提就是要扩大人民币汇率浮动区间，增强汇率弹性，逐步让市场去决定人民币汇率。

两大战略转变

2015年8月11日，人民币汇率突然大幅贬值接近2%，即期交易市场更是贬值超过了6.30，是人民币汇率多年来首次最大幅度贬值。那么人民币此次中间价贬值是否意味着央行对人民币汇率的政策发生了重大变化？也就是说这是一次技术性的暂时调整呢，还是随着国际国内宏观经济的变化，人民币进入贬值通道，此后是否还会继续贬值？我们先从央行的答记者问

| 货币风暴

中来看央行的态度。

央行认为，此次央行主动将人民币汇率中间价大幅贬值，首先是国际金融及金融形势出现了巨变：国际经济金融形势复杂，美国经济处在复苏过程中，市场预计美联储将在年内加息，导致美元继续走强，欧元和日元趋弱，一些新兴经济体和大宗商品生产国货币贬值，国际资本流动波动加大，这一复杂局面形成了新的挑战。

这里着重强调的是美国经济的复苏，美国经济就业已经超过美联储设定的加息标准，通胀指标尽管受到大宗商品暴跌的影响，尚未达到这个水平，但是美联储内部对于年内加息的预期越来越强烈，美联储也在不断释放年内加息的信息。耶伦曾表示，较早加息有利于美国和国际经济的发展，因为较早加息，今后可以缓慢加息；如果加息过晚，通胀起来后就会加快加息，这时候对美国和国际经济都没有好处。因此市场普遍认为，2015年9月美联储不加息就会在12月加息。

美国加息预期引发美元强势上涨，目前距离100点只有一步之遥，这让人民币汇率承受了巨大的压力。如果还保持此前那样盯住美元汇率，人民币汇率会跟着上涨，这样会使得人民币的名义汇率相对其他国家，尤其是中国的贸易伙伴欧盟、日本和东南亚、拉美等国家越来越大。人民币汇率过于强势，导致出口削弱，2015年7月出口下降达8%以上，这是不利于中国经济增长的。

央行表述认为，鉴于我国货物贸易继续保持较大顺差，人民币实际有效汇率相对于全球多种货币表现较强，与市场预期出现一定偏离。因此，根据市场发展的需要，应进一步完善人民币汇率中间价报价。

中国外贸在出口大幅下滑的同时，进口也由于大宗商品的大幅下滑，以更大的幅度下滑，导致2015年顺差仍然很大，同比上涨一倍，央行认为由于这个原因导致了人民币实际有效汇率的强势。其实从外汇储备来看，即使外贸顺差扩大，外汇储备仍然连续大幅减少，这说明部分资金开始从金融和资本项目流出，实际有效汇率的强势只是暂时的。从长期看，再加上最近几个月汇率持续上涨，货币增量较大，实际有效汇率预期并不强势。

实际的情况是由央行管理的人民币汇率中间价相对于市场预期出现偏差，也就是市场预期是贬值的，机构的报价是贬值的，而央行的中间价是高于机构报价的，中间出现偏差。这个偏差如果过大，就会出现什么情况呢？这会影响中间价的市场基准地位和权威性。

如果央行每日的中间价过分偏离机构报价，央行要维持这个中间价，就必须把机构的报价全部吃掉，这需要消耗大量的外汇储备。这种模式不仅成本过高，还会在市场中形成预期，导致机构通过中间价套利，就会影响其权威性和基准地位。

因此，央行只有把中间价向机构的报价靠拢，才可能消除以上负面影响。观察人民币汇率即期交易市场，从2015年6月开始人民币汇率兑美元几乎维持在6.21不动，可以断定，这时候机构的报价就跟央行的报价产生了重大偏离，央行一直在勉强维持这个价格。

现在为什么央行不维持了呢？按照央行的外汇储备实力，以及人民币国际化的既定战略，央行完全可以长期把人民币维持在自己的意愿目标内，现在央行突然变更这个战略，笔者认为央行可能有两大战略转变：

一是在人民币国际化和稳增长两方面，高层可能选择了稳增长为先，人民币国际化退后。经济增长形势极端严峻，外贸出口大幅下滑，普遍认为与人民币汇率过于强势有关。人民币汇率贬值，对内事实上是一个成本较低的宽松政策，或可能阻止资金流出压力，进一步降低境内融资成本，这当然首先要排除不形成长期贬值预期。

二是人民币国际化或者不那么紧迫。年内能否进入 SDR 高层已经有所预期，而且人民币国际化的前提是汇率的市场化。汇率要交给市场去决定，政府退出汇率干预，这事实上至少在短期内会减弱人民币国际化效果。

人民币已经贬值到位了？

2015 年 8 月 12 日的人民币市场有以下三大看点：

一是 8 月 12 日早盘央行给定的人民币中间价竟然比上一日的收盘价还要低，8 月 11 日银行间外汇市场收盘汇率为 6.3231 元，较 8 月 11 日中间价 6.2298 元贬值 1.5%。而央行 8 月 12 日给出的中间价是 6.3306，比上一个交易日的收盘价还要低。央行对此的解释是，8 月 11 日公布 7 月金融统计数据，在对新数据进行分析和人民币兑美元汇率中间价报价进一步完善的基础上，做市商进行的报价。

央行解释，由于外汇市场存在日内波动，如果上日收盘汇率较上日人民币汇率中间价变动较大，会导致当日人民币汇率中间价相应地较上日人民币汇率中间价有一定幅度变动，这是做市商提供人民币汇率中间价报价时的重要参考。同时做市商也会综合考虑外汇供求和国际主要货币汇率变化的因素，进而形成最终报价。以上拉拉杂杂的解释，其实只有一句话：以前这个中间价是央行自己拟定的价格，交易商的报价是没什么意义的，而今天央行遵守了交易商的报价，也就是遵照了市场的意愿。

今天中间价低开如此之多，出乎市场人士的预料。如果央行真的是如此遵照交易商的意见，以昨日的收盘价作为8月12日的中间价，那岂不是中间价就没有任何意义了？央行真的要废掉中间价吗？对于这个问题央行显然没有明确的回答，笔者估计不会轻易扔掉。

二是开盘后即期交易市场直接低开6.4300，最低跌至6.4510，下跌幅度达1.98%。到了尾盘，人民币被急剧拉升，最终收盘至6.3870，下跌幅度为1.01%。从6.43价位起有大量资金持续入市干预，推动即期尾盘快速反弹，成交量亦创出历史最大值568亿美元。市场认为这是央行和国有大行在抛出美元、购入人民币。

如何判断在6.43附近进入的这波做多人民币的力量？如果这个力量是市场力量，那么就意味着有市场认为，这个时候人民币被低估，如果是央行和国有大行，则可以认为央行不会让人民币跌幅过大，或者央行的心理价位就在6.5%左右。

但问题的关键是，这是否就是人民币汇率的平衡位置，理论上讲汇率的平衡位置是很难测算的。只有通过市场的长期交易逐渐形成，并且是一个动态平衡。如果央行不能评估人民币的平衡汇率，那他如何将汇率控制在平衡状态呢？如果现在他把人民币控制在他认为的一个平衡位置，而市场又不确认这就是平衡位置，交易中出现再次大幅下跌的局面，央行是要放开还是控制呢？这不仅让央行两难，而且也难以达到市场化汇率的效果。

对此，央行的解释是，中间价报价调整有利于减少扭曲，有助于推动人民币对美元汇率中间价向市场均衡汇率趋近。在有管理的浮动汇率制度下，市场汇率应当围绕作为基准汇率的人民币汇率中间价波动，市场汇率与中间价的偏离可以通过市场自身的修复功能来校正。

显然在他的回答中，强调了中间价的作用，并且还承认了中间价的存在。市场汇率和中间价存在的偏离，也可以通过交易来修复。

央行说，未来人民币汇率中间价将主要参考市场均衡汇率形成，同时继续发挥基准汇率指导市场汇率的作用，进一步理顺两者之间的关系。这个表态是，未来的中间价不仅仅要参考市场报价，更要参考均衡汇率，而均衡汇率当然主要是央行的主观判断。这说明未来中间价的形成只不过多了一些市场报价因素而已，央行的判断依然占有重要位置。

第三大看点，未来人民币会不会持续贬值？2015年8月12日人民币即期最低报6.4510，刷新4年低位，但尾盘反弹至2012年7月24日以来的3年收盘新低；中间价下跌1008个点至2012年10月11日以来的近3年新低；离岸CNH亦一度贬至4年低位，与在岸价差最高扩至逾1500个点。

第五章 大贬值

一般而言，市场交易容易形成自我强化模式，人民币如果形成螺旋式下滑，就非常危险，这显然不是央行所愿意看到的。笔者认为，如果在一周之内如这两日的下跌幅度，人民币下跌超过5%，就会有大量资金流出，对资产价格就会形成影响。

央行对币值的判断是，从国际国内经济金融形势看，当前不存在人民币汇率持续贬值的基础。一是我国经济增速相对较高；二是我国经常项目长期保持顺差；三是近年来人民币国际化和金融市场对外开放进程加快，境外主体在贸易投资和资产配置等方面对人民币的需求逐渐增加；四是市场预期美联储加息导致美元在较长一段时间走强，市场对此已在消化之中，未来美联储加息这一时点性震动过后，相信市场会有更加理性的判断；五是我国外汇储备充裕。

以上五点似乎足以维持人民币稳定，但是也有相反的看法。一是经济增速尽管相对仍然很高，但是长期趋势仍然是下滑的，而人民币作为资产价格反映的就是长期趋势；二是经常项目尽管仍然顺差，但是资本项目逆差扩大，而且顺差是建立在衰退基础上的；三是金融市场对外开放加快，境外主体对人民币需求增加，但是境内主体对外汇的需求也在增加；四是美联储加息必然不是一次，会是多次，并且会有一个较长的时间；五是外汇储备充裕，但是外汇储备已经在趋势性减少。

央行再次重申汇率政策，我国实行的是以市场供求为基础的、有管理的浮动汇率制度。

央行2015年8月12日早通知媒体，明天会有一个关于人民币汇率的记者会。笔者认为，人民币这两天的大幅调整可能已经到了央行的心理价位，或者离得不远，为什么？

| 货币风暴

一是如果人民币彻底自由化,现在在大多数人看来不是合适的时点,而且是最坏的时点。原因大家都明白,政府和企业债务高企,银行不良资产正在加速增加,房地产泡沫还在膨胀,尤其是股市的硝烟未散,国家队还在苦苦鏖战。如果汇率形成长期贬值预期,形成恶性循环,资金大量出逃,出现的是通胀压力和资产价格的暴跌。

二是此次央行贬值人民币,主要是缓解出口压力,其实是政府内部部门之间不同利益的冲突。这个压力缓解之后,央行仍然会控制人民币汇率。

三是央行的底牌和人民币的平衡位置是一个难解之谜,央行的底牌在于人民币的平衡位置很难测算,而央行的底牌又是机构猜测的重点。此前人民币在6.1左右时,央行领导曾经表示,这就是平衡位置,而现在经济增速放缓,启动贬值,是否这个贬值幅度就反映了最近两年经济的下滑呢?这个答案央行是否清楚,都是很难说明白的。

贬值是为了泄洪?

2015年8月13日人民币中间价仍然是低开700个点,事实上已经比昨天的收盘价高了。中午央行记者发布会一开始,央行行助张晓慧维持汇率的话音刚落,人民币汇率应声上涨。根据今天央行领导的表态,人民币短暂贬值就画上了句号。

不过今天央行领导的答记者问,却是值得琢磨的。

第五章 大贬值

一、人民币汇率被高估 3%？

张晓慧介绍此次汇率贬值的一个背景是，一段时间以来，中间价与市场汇率偏离的幅度比较大，影响了中间价的市场基准地位和权威性。根据市场调查和分析师的普遍估计，这种既与国内因素有关，也与国际因素有关的偏差累积了 3% 左右。这种误差不可能长期持续，继续通过增强中间价的市场化程度和基准性加以调整，以免失衡过度累积。

按照张晓慧的解释，就是央行确定的中间价和交易商的报价相差 3%，至少短期认为人民币被高估 3%，而这也是此次人民币贬值大概幅度。这是否意味着人民币被高估 3% 呢？易纲在此后对这个问题的回答是含糊其词的。估计是易纲没有理解记者的意思，或者 3% 这个数字还比较敏感。

二、选择现在贬值是因为货币发行过多？

张晓慧还解释了为什么会选择在现在的时点来贬值人民币。她的解释是，从国内看，应该说这和近日公布的 2015 年 7 月货币信贷数据的意外跳升是有关系的，7 月是普遍货币增长的传统小月，但是 2015 年 7 月 M2 比 6 月跳升了 1.5 个百分点，7 月新增人民币贷款同比增长了 1.61 万亿元。坦白说，市场对公布数据的解读认为这和货币政策、银行体系为支持资本市场平稳健康发展所采取的一些临时性措施有一定的关系。一段时间流动性的宽松促进了货币信贷的偏快增长，从而影响了外汇市场的供求关系，给人民币汇率带来了一定的贬值压力。

央行数据显示，7 月末，广义货币 (M2) 余额 135.32 万亿元，同比增长 13.3%，增速比上月末高 1.5 个百分点，比 2014 年同期低 0.2 个百分点，这个增速相对于央行 2015 年初设定的 12%

的增速显然是过快的。货币发行过快的原因是对证金公司的贷款，对非银行金融机构的贷款增加8864亿元，这是显然的。央行担心的是由于拯救股灾导致信贷增长过快，而这些过快的信贷增长会导致货币投放过多，对人民币造成贬值压力。

不过在这里笔者倒是认为，2015年7月多增加几千亿元的贷款就会导致人民币贬值压力，这个说法有些站不住脚。中国这几年放了多少货币，人民币都没有出现贬值压力，现在增加区区1.5个百分点的货币就能对汇率构成贬值压力？

而且，难道人民币贬值在中国目前是货币紧缩措施？资金流出？利率上升？如果是这样，为何不用公开市场操作回收呢，何以动用汇率贬值如此重启？而且如果要对冲救灾，那岂不是淡化救灾效果，股市又该如何？

三、这次人民币贬值，是对中间价的改革还是"坐实"？

当日易纲还介绍了中间价的形成机制，就是每天早晨在开盘以前由中间价的报价商报一个他们认为比较合适的中间价。这个中间价在过去一段时间，在2015年8月10日以前，和每天的收盘价差距比较远，以8月10日为例，报出来的中间价是在6.11，当前的收盘价比如是在6.21，差了1000个基准点，近一段时间都是这种状态。我们这次改革主要是想使中间价报价机制更加市场化，怎么更加市场化呢？报价的时候主要参考前一天的收盘价，同时要考虑什么因素呢？要考虑外汇市场供求关系和这一夜欧美市场的变化，如国际"一篮子"货币的变化。这样报出的中间价，就使中间价的报价和当天的开盘价和收盘价更加接近。

按照易纲的意思，是机构的报价高于昨天的收盘价，机构是看升人民币汇率的。真是机构看升人民币汇率吗？那收盘价到底是谁做出来的呢？

而且按照前面张晓慧的介绍，目前交易商的中间报价比昨天收盘价大概偏差3%，这是预期人民币贬值的，不是升值的。那这个说法和易纲的解释又是矛盾的。

事实上，此前的中间价主要是央行自己拟定的，是为了稳定人民币汇率，或者保持人民币汇率在央行合意的水平。机构的报价没有意义，央行制定的中间价长期偏离市场价格，这次是要让中间价趋近收盘价。也就是说今后的中间价，会取决于三种因素。一是昨天的收盘价，二是机构的报价，三是央行的意愿。而这事实上就是当年制定中间价的题中应有之义，只不过这几年没遵守，这次"坐实"了而已。当然一遵守会怎么样呢？那就是贬值。

所以当日张晓慧宣布，11日中间价基础报价完善以来，人民币经过两天的调整，逐渐向市场化水平回归，前面所提的3%左右的累积贬值压力得到一次性释放，此前偏差校正应该说已经基本完成。这是人民币汇率形成机制改革的必要阶段，使人民币按照更加市场化的规律运行。

由此观察2015年8月11日后几天闹得沸沸扬扬的人民币汇率贬值，只不过是央行宣示遵守此前已经指定的中间价机制而已。当然能否真正遵守，挑战是很大的，笔者认为简直就是不可能。

| 货币风暴

可能阶梯式贬值

  2015年8月14日央行公布人民币兑美元中间价报6.3975，升值35点，为央行宣布调整中间价形成机制以来首次升值。答案事实上在前日的新闻发布会上就已经知晓，央行行长助理张晓慧表示，人民币不存在持续贬值的基础，未来还会进入升值通道，中间价与市场汇率偏差校正已基本完成。

  现在看来这是一次央行主动的、有限度的贬值，官方的目的是校准中间价和上日收盘价的偏差，现在3%的校正已经结束，其目的并非如大家说的促外贸稳增长，至少官方是否认的。当然官方也承认目前的大背景是，美国经济复苏加快、加息临近，美元升值强势，其他如欧元和日元贬值过多等。

  综合所有因素，笔者判断此次央行就是要让高企的人民币汇率再下调一段，以减轻压力，并再次牢牢掌控汇率。如笔者所言，汇率是一个动态的过程，其平衡位置也只能通过市场的长期交易才能形成，人的智商无法判断，而这个长期的交易目前至少在央行看来，还不具备条件。如果此次人民币汇率贬值5%，大量的跟风做空盘涌出，带动社会大量的购汇潮，就会发生通胀风险，那是没办法控制的。至少在央行看来，彻底放开人民币汇率，目前条件不具备。

  人民币汇率此后的交易将重复过去的故事，仍然是在6.5附近摆动，此后或有小幅贬值。

  这让笔者想起了2014年2月央行汇改，此次舆论都把去年2月那次汇改忘记了。这次汇率调整跟2014年2月那次很相似，只不过2014年2月是逐渐小幅调整，下跌大约半个月的时间后，汇率又开始升值，然后贬值。在那次贬值后，人民银行将日波动区间幅度扩大到 2%。

那次舆论关注的一个焦点是，到底是央行主动调整还是被动调整？争论很激烈。如果是主动调整，据说就可以把投机炒作的热钱给收拾了，是央行主动出击的；如果是被动的，那就说明人民币贬值压力很大，央行不得不作为。

而这次贬值幅度如此之大，竟然没人说央行主动出击是收拾境外的做多人民币套利的投机衍生品的资金，实在让人很吃惊。

事实上，这是一个伪问题。人民币由央行牢牢控制，当然是主动的，但央行调整也不是无缘无故的，必定有客观上的原因。这个原因肯定是到了央行不得不作为的程度，这样看来央行又是被动的。

对于央行对人民币的调整，笔者的一位读者的评论是很贴切的：这是一次"阶梯式贬值"。跟去年 2 月那次贬值的机制一样，而且这种贬值方式央行今后将继续沿用，就是经过一段时间需要泄洪一次，这次泄洪尽量不让投机者牟利。等你反应过来时，我已经收手锁汇了。

不过事实上，市场投机者才是最狡猾的，这样的伎俩对于他们太小儿科了。

央行或将维持人民币稳定

自从 2015 年 8 月 13 日央行召开新闻发布会安抚市场情绪，

| 货币风暴

人民币的急剧贬值暂时告一段落，央行的意思显然是短暂调整，对外表态是为了调整中间价机制，事实上是出其不意调整过高的人民币汇率，以释放人民币的贬值压力。

不过作为一个大国，其汇率的变化非常复杂，单一逻辑没有说服力，也不具备判断力。对于人民币汇率而言，目前主要影响因素不是客观和宏观的环境，而是央行的意愿。毕竟央行手上还有36000亿美元的外汇储备，这是世界上任何机构都不可能对抗的。

宏观因素里边，已经有诸多矛盾现象，这些现象背后反映的是，人民币汇率短期仍然至少是亚洲最强的货币。

2015年7月外汇占款降幅又创下历史纪录。7月末央行口径外汇占款下降3080亿元，至26.4万亿元，7月降幅创下历史新高。从环比来看，6月央行口径外汇已经开始呈现下降趋势，减少了172.51亿元；此外，7月末金融机构口径外汇占款下降2491亿元，至28.9万亿元，下降规模创历史新高。同样从环比来看，6月金融口径外汇占款减少937亿元，为2015年4月以来首次减少。

而与此同时需要注意的因素是，7月贸易顺差为430亿美元，较6月仅收缩35亿美元，仅从贸易项无法解释外汇占款大幅收缩，那么外汇占款为什么会收缩呢？一种解释认为，是人民币汇率贬值预期形成的资本外流所致，另一种解释则是在人民币国际化背景下，在"一带一路"战略大的发展趋势下，近期对外主动投资步伐加快，中国开始步入资本输出阶段。

就在中国外汇占款大幅萎缩的情况下，中国却连续4个月增持美国国债，并夺回保持美国"最大债主"的位置。美国财政部最新的数据显示，截至2015年6月，中国持有的美债总额为 1.2712 万亿美元，高于上月修正后的 1.2703 万亿美元。2014 年 9 月至 2015 年 2 月，中国连续减持美债，减持规模总计达 460 亿美元。2 月日本一度超越中国成为美国"最大债主"，但随着中国 3 月大幅增持 373 亿美元美债，再次超过日本回到美国"最大债主"的位置。4 月和 5 月中国继续增持美债，规模分别为 24 亿美元和 69 亿美元。

一般来讲，只有在央行大量购买由于顺差进入的美元，从而形成外汇占款的增加。如果外汇占款减少，说明央行没有购买美元或者购买的美元数量在减少，那么中国央行购买美国国债的资金是从哪里来的呢？

笔者猜测央行很有可能是对外汇储备的投资结构做了调整，减少了权益类的投资，扩大了固定债务类投资。这样做的好处是，央行可能认为美国权益类资产价格已经高估，而将资金转到投债市，一个是获利了结，一个是增加资金的流动性，为此后在国内的汇率调整打下基础。那我们再回顾一下张晓慧在新闻发布会上的表述，目前中间价与市场汇率偏离 3% 左右，这一贬值压力已经纠正，未来人民币还将进入升值通道。

这说明，央行早就策划好，一步到位调整 3% 以后，央行将维持人民币上涨的态势。而要维持上涨，在目前尽管贸易顺差比较大，但是在金融项目资金流出严重的情况下，不得不随时变现美元的流动性。

其实，就人民币在国际经济体系中的位置而言，人民币又不由自主地成为新兴市场的基石。此次人民币的短暂贬值，已经对新兴市场货币冲击不小。

在人民币贬值的影响下，新兴市场货币抛售潮继续加剧，

| 货币风暴

马来西亚林吉特跌至 1998 年以来最低水平，兑美元跌 0.5% 至 4.0995 林吉特；曼谷爆炸案导致泰铢大跌，泰铢兑美元跌 0.9% 至 35.536 泰铢，盘中创 6 年新低；土耳其政党联合组阁谈判失败，里拉兑美元跌至创纪录的 2.8685。此外，卢布兑美元跌 0.8% 至 65.48 卢布。MSCI 明晟新兴市场指数跌 1.1%，至 854.71 点，为 2011 年 10 月以来最低水平。而南美的巴西雷亚尔和智利的比索包括阿根廷和委内瑞拉货币，更是已经跌至多年新低。

这时候如果人民币贬值将带动新兴市场货币贬值，会发生类似亚洲金融危机那样的风险。在此种情况下，估计央行不会让人民币贬值，这时候唯一的办法就是把美元储备盘活，用来维持人民币升值或者稳定。

这次央行既然已经承诺将会加大汇率的市场化，那么在中间价的形成中，央行的意志会少一些。但要维持稳定，唯一的办法是在盘中进行操作干预，从而将收盘价维持在一个合意的水平，报价商在报价的时候就不会距离央行的目标太远。这样既维持了人民币汇率的市场化，又维持了稳定，当然付出的代价是抛售外汇储备。

央行这样做的目的是什么呢？笔者猜测，还是人民币国际化。人民币国际化是一个逐步的过程。当人民币在此轮新兴市场大跌中形成一定的权威性，人民币就自然成为东亚地区乃至整个新兴市场的首要货币。这个角色目前还没有一个货币能够充当，这为"一带一路"战略打下了坚实的基础，也是人民币国际化的重要一步。

第五章 大贬值

假如放开汇率波动

笔者写过一篇叫《死守汇率》的文章,许多读者不认同其观点。一种意见认为,36000亿美元的外汇储备根本不够用,很快就会花完,意思是守不住;另一种意见则认为死守汇率其实是给撤出的资金打掩护,并且还给它们补贴。

以上两种观点都对,不过一个经济体一旦失去发展动力,经济持续下滑,就会出现你不想看到的事情,要么资金撤出,要么汇率贬值,要么通货膨胀,等等,不一而足。国际经济历史上,这样的例子不胜枚举。只不过你要权衡,想要哪个,放弃哪个。

比如在不可能三角中,你如果不死守汇率,那就是换来了资本项目的开放和货币政策的自主性,可以任意加息降息,这个目标好像与2015年高层的目标也一致。高层最近一直在推人民币资本项目的可兑换,意图进一步推动人民币国际化。

不过这时候最重要的是资本流出的情况下,外汇储备也可以保全。资金大量流出,人民币汇率大幅贬值,将会导致出口放量,进口减少,则境内就会出现比较大的通胀压力。

当然最直接的威胁是房地产泡沫破裂,地方政府债务爆发以及企业比较明显的债务压力。利率是自主的,当然可以降低利率,并且大量放水,冲淡债务成本。货币利率过低,放水过度,尽管可能在中国目前还是产能过剩,但是某些商品价格的上涨可能就会导致严重的通货膨胀。

当然现实中如何发展,理论的推演是不能涵盖的,央行也自然不会按照这样简单的逻辑进行政策设定,关键还取决于未来中国和国际经济发展的状况。

有些人说死守汇率是守不住的，比如36000亿美元的外汇储备是否足够外资流出？其实如果大部分外汇储备流出了，则可能会对美国国债市场构成威胁。因为中国必须抛售美国国债，以应对资金流出，这种连锁反应会对美国货币政策造成影响。

当然，按照目前世界经济的发展趋向，未来世界经济在去全球化、全球经济再平衡的过程中，将会是一个较长期的去杠杆过程，包括美国经济也不会一帆风顺地增长，美国的加息也将是一个漫长的过程。中国经济的放缓将会导致世界大多数经济体长期处在萧条之中。

在这个过程中，不论国际政治是否将会发生不可预期的重大变局，如俄罗斯未来的走向、中国的走向、朝鲜半岛的走向、中东的走向等，都会直接影响国际地缘政治格局和经济增长，因此中国人民币汇率的问题依然是国内经济发展的问题。

在全球经济增速放缓的形势下，笔者估计，全球资金流动规模可能没有那么可怕，一旦美国宣布加息，资金可能就会回流。而且从目前来看，尽管中国经济增速放缓，并且下行压力很大，但是相对而言，还是比较不错的，除了中国，资金可能很少找到安全的投资场所。这里最重要的还是要营造一个投资收益率客观的投资场所，以吸引资金，从而保持本币汇率，为人民币国际化打基础。

中国版"拖宾税"推出

"攘外必先安内"，这是中国人记忆犹新的话，在2015年

第五章 大贬值

下半年人民币贬值压力加大的大背景下，可能这个战略也是今后多年中国经济高层将要适用的战略。

具体就是，锁死外围，经营内部，以时间换取经济发展空间，以待再次出发。解释过来就是用加强资本管制的方式，把进来的资金先锁死在里边，不让资金流出。然后对内大规模进行降息降准等量化宽松政策，从而拉低长端利率，解决实体经济融资难融资贵的问题，以此来拯救地方债务危机、房地产泡沫以及商业银行的不良资产。这一切的前提是，目前有一个紧缩的信用环境，物价长期极低。

这一切似乎在前几年，还是笔者多篇文章中的设想，现在正在一步步演变为现实。近日央行紧急通知：自2015年10月15日起，开展代客远期售汇业务的金融机构（含财务公司）应缴存外汇风险准备金，准备金率暂定为20%。

这就是所谓的中国版的"拖宾税"，其实几年前央行就已经开始研究如何组织资金流出了。

对远期售汇业务缴准备金，其目的不外乎增加远期购汇成本，而从业务层面上讲，就是在远期购回需求突然放大的情况下，让商业银行缴风险准备金，是为了应对远期的挤兑风险。联想到10月20日至25日几日内人民币开始较大幅度地升值，央行出台这个措施至少说明，央行将铁了心维持人民币汇率在目前水平上的稳定。李克强总理连续表态维稳汇率，显然这是高层对人民币汇率的基本态度。

然而任何事情都是一把双刃剑，在中国这个资本管制本来就相当严厉的国家，用此种方式阻止资金流出，当然在微观上有效果，但是在宏观上收益可能不一定大。

| 货币风暴

第一,这个政策的发出无疑向市场释放的信号是人民币汇率贬值压力很大,资金流出严重,央行用市场化的方式已经不能控制或者认为未来无法控制,行政手段总之都是特殊时期的特殊手段,这将进一步加剧汇率看贬的一致预期。而微观上的效果到底能起到多大作用目前还很难讲。

第二,最近几年尽管实行严格的资本管制,但是正因为中国已经是一个第二大经济体,其经济交易已经深深地镶嵌在世界经济交易的洪流当中,资金进出并非行政能控制的,从过去流入的庞大资金就能看出来,资金进出是经济发展的衍生品,而现在阻断资金进出,事实上为经济的发展也造成了人为的障碍。这是政策出台不能不考虑的成本。

第三,资本管制的结果将会导致进一步的价格扭曲,如果官方汇率过于偏离市场需求,过去多年绝迹的外汇黑市可能再次泛滥,各种黄牛党产生,然后就会促发地下钱庄的需求,到处都是资金生意。2014年,俄罗斯在汇率贬值形成的恶性通货膨胀之时,都未出台资本管制政策,可见这个政策对经济的杀伤力有多大。

2015年7月的银行远期售汇数据,签约1951亿元人民币(折合318.93亿美元),按照20%的风险准备金率计算,应缴存390亿元人民币,那么每年应缴存4680亿元人民币。这将把大量有远期购汇需求的企业挡在门外,他们如何去化解汇率波动风险,如何开展业务,这无疑会让目前正在承受打击的外贸企业雪上加霜。

事实上,人民币的贬值是一个市场行为,明显的证据是银行间市场上的人民币兑美元成交量在2015年7月出现了巨量上涨，较6月上升55%（7月外汇占款的负增量是历史新低水平）。这是8月11日人民币突然大幅贬值以前的事，市场上看空人民币的预期升高，这是中国经济在世界经济中的地位、中国经济未来前景在市场很自然的反映，人为地阻止，就会出现扭曲。

而为了释放这个贬值压力，央行在2015年8月11日连续三日贬值4.6%，导致贬值预期更甚。8月人民币兑美元成交量又在7月的基础上上升了170%，这意味着8月的外汇占款负增量或再度刷新历史纪录。

当时中国经济的情形主要是信用创造能力降低，股市发生了大规模股灾，直接造成了货币发行攀升，加大人民币贬值压力。现在央行通过降准降息，逆回购和SLO的方式向市场提供流动性，一是维持股市的救市效果，二是维持地方债平稳置换，三是降低实体经济长端利率，肩挑的任务不可谓不巨大。然而左右手互搏，政策效果往往相互对冲。

与此同时，如果资金处在一个漏斗里，资金还要跑到国外去，那么以上措施就更加大打折扣，央行不得不实行这种管制措施。尽管这个措施的效应还仅仅限制在远期售汇这样较小的范围，但是可以预计随着市场的演变，资本管制的范围将会加大，人民币国际化和资本项目的开放，尤其是自贸区内的金融改革，估计要暂时休整了。

笔者认为，对于汇率这样大的宏观政策，一定要有大格局，要容忍一定的损失，要看到长期趋势。也就是用当下最时髦的话——有政策定力，不可小家子气太重，患得患失。

只有市场化有弹性的市场汇率，才能准确地反映市场需求，才能灵活应对外部冲击，不然就会陷入手足无措的窘境。

| 货币风暴

抛美债不是核武器

几年前，记得美国对人民币升值的压力很大，于是几个经济学家私下提出抛售美国国债的说法，说是这样可以对美国金融市场造成威胁。

这个逻辑是这样的：由于中国贸易顺差快速增长并央行控制汇率，积攒了过量的外汇储备，这些外汇储备由于要保值增值，就又返回到美国市场去做投资，而美国国债又是全世界流动性最好的资产，于是中国央行持有的美国国债一直在上涨，最近几年更是到了全世界第一。如果这时候中国人大幅抛售美国国债，会导致美国债券利率大幅飙升，并引发全球货币利率的飙升，这样会导致美元升高，其他股票和大宗商品都会受到毁灭性的冲击。这个观点当时影响很大，此后关于这些传言的经济学家否认了这个说法。

不过2015年8月11日汇改后，由于人民币贬值压力大，这边央行为了稳定汇率，必须抛售美国国债套现美元，因此出现了较大规模的卖出，几周的时间内中国已经抛售了1060亿美元的美国国债。这一抛售行为导致8月24日十年期美债收益率一度跌破2%至1.97%(这是4月28日以来的最低水平)。

于是关于中国抛售美债的说法又开始复活，如一种说法认为，美国加息就是对中国发动货币战争，剪中国的羊毛，中国可以以集中抛售美债作为制裁。

这种说法看起来是一帮不了解国际金融和金融常识的愤青的一种臆想，但是在一些专家那里也有市场就实在是让人匪夷所思了。

事实上，很简单的一个常识，中国抛售美债的目的是应付流出的资金，这相当于把美元给了流出的资金，而自己拿了人民币，或者是商业银行拿了人民币，这些流出的资金很快就会投入到美元资产，当然购买美国国债是他们的首选，去做其他实业投资或者房地产或者股市等投资都是对美国经济的支撑。这种行为从长期来看对美国经济几乎是有好处的，所以资金流出中国，中国抛售美债，对美国经济没有负面影响，还可能是正面影响。

几乎可以这样说，中国包括发展中国家抛售多少美债，事实上你就会在外汇市场上还要把这些抛售来的美元交给资金流出者，这些美元还会返回美国。因为不这样做，你的本币汇率就会大跌，资金出逃就更加快速了。

因此，除非你集中规模大幅抛售，会对市场短期形成冲击，这个设想听起来像小孩子过家家的沙盘游戏，不是一个大国在国际上的行为。不过历史上这样的事情也很多，但是即使如此，美国人也会有办法，再进行量化宽松就行，你抛多少我买多少，几乎构不成威胁。

而现实中，这种情况根本不可能发生，中国央行和美联储之间有常态化的沟通机制，中国央行在纽约设有代表处。一般而言，重大的货币政策都会先有沟通，不会出现类似这中小孩子使坏式的行为。

即使发生这种由于抛美债而引发国际金融市场动荡的行为，在现在美元一家独大的情况下，也使美国经济毫发无损。当年美国华尔街发生金融危机，中国的专家们一致看空美元，而事实上却是美元进入新一轮牛市。他们没有想到的是，在当下的

| 货币风暴

国际货币体制下,只有美元是变现货币,国际金融市场越动荡,资本进入美元资产越厉害,而资金流出的国家肯定是债务高企,或者货币发行过多、汇率灵活性不大的国家。所以如果出现这种行为,也只能是搬起石头砸了自己的脚。

笔者想要说的是,金融市场说到底还只是浮在实体经济上面的一层皮,最终起决定作用的还是实体经济的繁荣。货币也是在实体经济交易中产生的,并非央行想发多少就能发多少,不要把金融市场想得那么神奇。

人民币汇率的战略性溃败

经过"8·11"人民币汇率贬值之后,显然是强化了人民币贬值的预期。2015年9月4日前一周,央行都维持了人民币在即期市场上的升值,其意在稳定人民币汇率,并弱化或者打消市场上人民币的贬值预期;但是有些市场是难以控制的,如阅兵假期,香港NDF市场依然贬值400个点。其实离岸市场在央行推出外汇风险准备金后,是大幅升值的。

很显然,市场对央行推出外汇风险准备金的解读必然是,人民币市场上贬值的预期正在越来越重,资金流出越来越多,央行维稳压力很大;但是央行今后将必然不惜代价维持人民币汇率的稳定。这里将会采取两种手段,一种是资本项目加强管制,如外汇风险准备金类似的措施是否还将扩大范围;另一种是资本项目开放措施是否将会收回,鼓励资金流出的政策也可能会取消,改为资金流入等。至少在一年的时间内,央行在汇率和

第五章 大贬值

资本项目领域将会采取以上措施。

不过这样做是有代价的,一是为了维持人民币汇率稳定,必然要消耗大量的外汇储备;二是资本项目的管制必然占有行政成本,外汇市场化其实是在走回头路,人民币国际化就更加谈不上了。

笔者思考的是,人民币怎么会进入目前这种被动局面,有没有更好的解决办法?其实汇率说到底还是一个国家宏观经济实力的体现,反映在投资上,就是你的资产要有较好的投资收益。一是利率上的,二是汇率上的,三是是投资上的,人民币从以上三个方面都不存在升值基础。

这个基础就是中国经济已经出现长期的趋势性下滑,宏观经济周期进入衰退,同时还叠加人口老龄化形成的人口压力。人口压力对一个经济的影响更加核心,同时中国经济此前增长的方式主要是消耗资源和投资,这个增长方式进入瓶颈,环境和资源已经不能允许经济再高速增长。这样看来,中国经济要进入下一步的复苏将是一条非常漫长的路。这一点其实许多观察者早就预料到了,但是官方却不为所动。官方对中国经济发展显然是过于乐观的,至少他们认为经济放缓只是暂时的。这种盲目乐观的看法,导致他们在汇率政策上做出错误的战略部署。

有研究报告显示,这种汇率政策所导致的后果是,2007年1月到2015年7月,人民币对美元升值了21%,对主要贸易伙伴"一篮子"货币的实际有效汇率升值了52%。由于近来很多主要货币对美元大幅贬值,2015年前7个月人民币实际有效汇率较2014年平均值上升了11%。人民币对一些主要的新兴市场货币的升值幅度更加明显。2007年以来,人民币对南非兰特升值

货币风暴

123%、对印尼卢比升值 85%、对墨西哥比索升值 85%、对印度卢比升值 80%、对越南盾升值 70%、对韩元升值了 56%。2014年 1 月以来人民币对日元升值 48%、对印尼卢比升值 40%、对马来西亚令吉和墨西哥比索升值 25%、对欧元升值 20%，另外，对韩元和泰铢也分别小幅升值 7% 和 13%。

以上汇率政策形成的后果是，2015 年前 7 个月我国出口同比下滑 0.6%，实际出口量也几乎零增长。当然全球需求低迷是一个重要原因，但是金融危机后，全球需求一直是低迷的，美国经济复苏对中国出口是有支撑的，这些因素没有导致出口有所好转，汇率升值过度是一个重要原因。

从 2014 年 4 月，央行对正在升值的人民币有一个贬值的动作，当时在市场上影响很大，那次贬值幅度虽然不大，但也是 2007 年汇改以来从未有过的动作。当时舆论的焦点是，央行是主动贬值还是被动贬值，专家主流的声音都很好听，是央行为了狙击套利热钱进行的主动贬值，并让某某对冲基金套利热钱亏损严重云云，央行对这个争论没有正面回应。但是大家忽略了人民币贬值的客观原因，那次尽管贬值是央行主动所为，但也是央行顺应市场。因为中国资本项目逆差扩大已经持续了好几年，货物贸易顺差大幅减弱，表现为外汇占款的持续减少以及外汇储备负增长。

正是在 2014 年人民币贬值的当月，杭州的好几个房地产楼盘宣布降价，杭州作为中国房地产价格上涨最早的城市，现在率先宣布降价，表明中国房地产高歌猛进的时代已然结束。房地产牛市的终结，宣告了中国宏观经济数十年的景气周期走上了尾声。这表明人民币汇率已经进入相对平衡的位置，央行这时候调整汇率，是顺应大势的举动。再加上当时政府换届，央行行动相对自由，汇率调整更加有针对性。

但是当美元在 2015 年开年贬值到 6.28 附近时，人民币却开始升值。并在 4 月开始在 6.20 附近保持不动，这一段时间正是美元大幅上涨、而中国经济进一步走向衰退并确认的时候。按照市场原理，这时候即使是央行控制的汇率，也应该相对美元贬值，而不是静止不动或者升值。这种汇率的背离导致 2015 年出口出现较大困难，并且让人民币名义汇率开始积累了较强的贬值压力。

这就是 2015 年 8 月央行要让人民币大幅贬值的原因，只不过由于积累的贬值能量过大，其结果远远超出央行和高层的设想，所以在贬值三天后，不得不停止贬值，并宣布进入升值通道。此后，最高层两度喊话人民币没有持续贬值基础。

汇率一定要反映供需变化、要顺应市场供需、要反映宏观经济的内在水平，只有弹性的汇率才能应对外部经济的冲击，"稳定"的汇率才是最脆弱的，是要付出相当大代价的。现在的代价就是让外汇储备成为出逃资金的"盘缠"。

中国不应该讳言人民币估值过高

目前学界对"8·11汇改"的初衷和本意还在争论，一部分人认为是因为客观上人民币汇率贬值压力巨大，央行是顺应市场需求；还有一部分人则认为央行是为了促进出口。因此前者支持"8·11汇改"，而后者则认为"8·11汇改"形成市场关于人民币将进入贬值通道的预期，可能形成资金持续流出的趋势。

央行行长周小川在 2015 年 9 月 4 日和 5 日在 G20 会议上关于"8·11 汇改"的原因做了自己的解释，其解释口径大致与汇改新闻通气会上张晓慧的说法一致，其中周小川强调了"8·11 汇改"的宏观背景以及触发因素。

周小川认为，受前期美元走强和新兴市场经济体货币普遍贬值的影响，人民币实际有效汇率偏强，这是"8·11 汇改"的宏观背景。

而"8·11 汇改"的触发因素则主要归结在由于股市泡沫破裂导致的货币投放太多，形成了一定的贬值压力。周小川说，2015 年 6 月中旬以来，中国股市发生了三轮调整，其中前两轮调整未有国际影响，8 月下旬的第三轮调整产生了一些全球性影响。为避免发生系统性风险，中国政府采取了一系列政策措施，包括人民银行通过多个途径向市场提供流动性。

这里周小川着意强调了股市调整导致的国际性影响，因此将人民币汇率贬值的原因指向于中国政府就是向市场注入流动性，是为了稳定国际金融市场。这是说给国际友人听的。

周小川的以上说法与事实基本是相符的，2015 年 7 月以来仅从金融数据上看，人民币贬值压力在 7 月骤然加大。7 月末，央行口径外汇占款为 26.41 万亿元人民币，下降 3080 亿元；金融机构口径外汇占款为 28.9 万亿元人民币，下降 2491 亿元。这是外汇占款在历史上的每月最大降幅。

2015 年 7 月银行结售汇逆差 2655 亿元，其中，银行代客结售汇逆差 1743 亿元，创 4 个月最大，上月为顺差 547 亿元。银行自身结售汇逆差 912 亿元，逆差规模较上月增长 494 亿元。

不过笔者觉得，周小川更应该强调人民币汇率贬值的宏观背景以及中国政府对于人民币汇率改革的市场化决心。

从近两年宏观经济的发展态势来看，人民币跟随美元走强，其实已经严重脱离了中国经济的基本面，对中国经济的软着陆构成阻碍作用。

首先，人民币跟随美元升值，与欧元和日元的量化宽松政策背道而驰，让人民币汇率承受过大压力。在过去 6 个季度，BIS 统计的人民币实际有效汇率升值达 17%；而人民币这种升值态势，对中国制造业造成严重的断档危机。中国制造业此前基本是在全球的需求推动下发展起来的，但是最近几年由于资源环境和劳动力成本的提升，再加上人民币汇率的升值，其对外市场严重压缩，到目前达到 GDP 的 2% 以内，这也导致了从 2012 年开始严重的产能过剩危机。

人民币汇率近几年跟随美元升值，相对日元和欧元等绝大多数国家的货币已经升幅过大，国外的消费显现出了明显的优势。中国居民赴日本和欧洲等地旅游消费，一浪接着一浪，形成海外消费热潮。而中国政府希望通过提升消费来达到经济转型的目的，但是消费却一蹶不振，从而导致经济转型步履维艰。

人民币汇率的长期一贯升值，导致国际热钱进入境内套利，再加上经济政策的漏洞，这些资金的进入推升房地产等市场，导致某些资产价格居高不下，形成一定的泡沫。同时一些企业也开始通过各种手段向境外融资，这部分资金数额庞大。由于较少的风险管理措施，其实也蕴含着一定的金融风险。

因此，中国货币当局不应该讳言人民币币值已经高估，需要顺应市场进行改革,同时加强日内干预。在目前资本项目管制的政策框架下,对没有贸易背景的进出境资金严加监管,同时加快汇率的市场化改革。

笔者推测,下一步央行可能很快放大人民币汇率的日内波动幅度,今后汇率的改革可能跟利率的市场化改革一样,先逐步放开政府控制的幅度,并且弱化中间价的政府意志,更加反映市场的需求。当汇率日间波动幅度达到10%甚至20%以后,市场仍然稳定,央行就会逐步退出汇率市场,从而实现人民币汇率有管理的自由浮动,为人民币国际化的大国国策打下坚实基础。

相对而言,央行实行汇率市场化改革的自信来自于中国宏观经济稳定,顺差规模巨大,人民币没有持续贬值的基础。只要有这个前提,那么就不用担心资金持续流出对宏观经济产生风险。

离岸市场是个无底洞

2015年9月10日下午离岸人民币兑美元(CNH)汇率急速拉升,一度暴涨逾800点,涨幅扩大至1.27%,创出近一个月新高,与此同时成交量大增。市场普遍认为,这是中国央行采取的行动,加上国有大行的配合,其目的是要收窄自8月11日人民币在岸市场大幅贬值后形成的两个市场之间的套利空间。

人民币在岸市场和离岸市场之间汇差最高到1200个基点,这导致庞大的套利盘游走在两个市场之间,而境内的资金可能选择在离岸去结汇，或者到远期市场结汇，因为在离岸市场能得到更多的美元。而由于人民币在离岸市场的贬值预期强烈，机构可以通过掉期交易购入人民币，导致掉期交易的价格飙升，使得美元的负债增加，导致进一步的人民币贬值预期。

央行在离岸市场采取行动就是要缓解人民币的贬值预期，从而扭转目前人民币汇率市场。自从2015年8月11日人民币大幅贬值后，由离岸人民币市场主导在岸人民币市场的状况，从而把人民币汇率的主导权重新抓在央行手里。在人民币汇率贬值预期强烈的情况下，为了维持人民币汇率稳定，央行不得不在在岸市场上消耗大量外汇储备进行干预。当离岸市场稳定后，央行就可以缓解这部分压力。

因此，很多人建议央行可以在离岸市场和在岸市场两个市场作战，稳定人民币汇率预期，以实现金融稳定。支持这种干预方法的人士认为，2015年8月央行的干预方式是在在岸市场抛出美元，买入人民币，但是这样造作的效果是，人民币在岸价格和离岸价格进一步扩大，套利者就会在在岸购入人民币，然后在离岸跑掉获利，如此反复进行操作，资本外流加大，外汇储备持续消耗。

看起来这是一个不错的主意，但是仔细研究就会发现，这个央行在离岸市场进行干预的方法在短期和非常时期可行，万万不能常态化和长期化。如果长期化，则央行的干预就等于掉进了陷阱里，外汇储备将会消耗更快。

而事实上，2015年8月央行外汇储备减少900亿美元。对于这个减少央行有许多解释，不过市场的测算是，央行为了维持人民币汇率，在岸市场抛售的外汇储备应该是在1200亿美元左右。一个月的交易日大概是 20 天，那么这就意味着每天央行必须有 60 亿美元外汇储备消耗。8 月 12 日在岸人民币即期创下的历史最高成交量为 568 亿美元，次高位为 8 月 28 日的 515 亿美元。2014 年人民币在岸市场的平均成交额是 550 亿美元。那么大概匡算，为了稳定市场预期，央行投入的外汇储备大概是成交量的 10%。

而离岸市场的人民币成交额是多少呢？2014 年这个数字是 2300 亿美元，大概是在岸市场的 4 倍。如果 8 月央行把干预的市场就放在离岸市场的话，央行消耗的外汇储备大概是 4500 亿美元以上，2015 年 8 月的外汇储备数据是 3.554 万亿美元。如果按照这样的消耗速度，则需要的时间是仅仅半年。

再次强调以上匡算极其不精确，只是为了说明一下离岸市场的水要比在岸市场深得多。离岸市场和在岸市场完全不同，在岸市场严格受到央行控制，参与者大多是国有银行以及一般的国内企业，外资银行和其他机构很少；而离岸市场却是完全自由化的市场，不仅包括国内的机构，还包括国际上所有的机构，更为重要的是潜伏着国际上著名对冲基金和投行等大鳄。

可以这样比喻，在岸市场最多也就是长江，而离岸市场却是汪洋大海。尽管央行有庞大的外汇储备作为弹药，但是在离岸市场，如果宏观经济表现不配合，纵有再高明的操作、再庞大的外汇储备，都难以寄托重望。

人民币汇率的预期管理，只能是短期，也是对市场预期的行政性纠偏，真正决定预期的不是央行的干预，而是宏观经济基本面，是投资收益率。北京大学教授宋国青日前规劝，希望我们尽快以平和的心态接受 3% 到 4% 的投资收益率。

第五章 大贬值

在过去三年半的时间里，我国经济一个明显的表现就是工业企业的利润增长率明显下降，明显落后于总资产增长率。这三年半以来，工业企业的总资产增长率分别为13.7%、4.7%和8.8%，但利润增长率同期只有1.8%、1.5%和3.0%。2015年的前7个月数据更不好看。总资产增长率还有7.6%，利润增长率已经转为负数，为-1%。8月又转为正数，也很小。

这就是投资收益率下滑的重要原因，在投资收益率下滑的大前提下，不仅外资要寻找更高的投资收益品种和场所，国内的资金也是如此，资金流出是挡不住的。

资金是最理性的，理念性口号没什么用，他们就看投资收益率，在这样的前提下，短期的预期管理作用非常有限。汇率还是要逐步过渡给市场决定，去年俄罗斯卢布下跌时，普京听任卢布贬值，当然中间出现通货膨胀，但是最终还算挺过来了。

中国如果听任人民币贬值，会贬值到什么位置？会对宏观经济产生什么冲击？这些其实都是值得好好研究的问题。因为总有这么一天要到来，趁着目前中国经济还比较健康，经济还是通缩的状况，过剩产能还比较严重，目前贬值是一个最佳时机。

离岸人民币是个难啃的骨头

2015年9月，国内经济数据不佳，尤其是PMI数据创5年新低，让人民币汇率承受巨大的贬值压力。在离岸市场，自从2015年9月10日那次央行狙击形成近乎千点的反弹之后，只能再次对离岸市场进行干预，最终离岸人民币兑美元(CNH)上涨

0.47%，至 6.3999 元。这是自 9 月 10 日以来的最大涨幅。

2015 年 9 月 10 日央行在离岸市场进行干预后，出台了许多初步的资本管制措施，但是并未打消离岸市场人民币单边贬值的预期。9 月 23 日，离岸人民币下跌 0.4%，或将创下 9 月 2 日以来最大跌幅，9 月 24 日，离岸人民币兑美元触及 6.4450 的日低，较在岸人民币兑美元汇差扩大至 611 点，这是 9 月 10 日以来的最大汇差。

央行在市场上狙击，并同时在资本进出管制方面采取多种措施，目前看来并没有实际效果，主要是因为内地投资收益的下滑，尤其是最近出台的一些经济数据。

2015 年 9 月财新中国制造业采购经理人指数 (PMI) 初值降至 47，低于 8 月终值 0.3 个百分点，跌至 2009 年 3 月以来新低，创 6 年半新低。这是该数据连续第三个月下跌，也是连续 7 个月低于 50 荣枯线，表明制造业陷入萎缩区间。具体来看，产出指数回落至 45.7，较 8 月产出指数下降 0.7 个百分点。新订单指数、新出口订单指数、就业指数等分项指标也都出现了下降。

新订单指数的下滑在预期之内，现在是新出口订单指数和就业指数也下滑，更值得警惕。8 个月中有 6 个月的出口同比负增长，前 8 个月出口累计同比下滑 1.4%。而出口企业的订单也持续走弱，中采 PMI 新订单指数自 2014 年 10 月以来便低于荣枯线，8 月降至 47.7，创 30 个月新低。

2015 年以来出口持续低迷，很多人认为是人民币币值估价过高所致。事实上，近几年人民币跟随美元升值，对欧元和日元包括新兴市场国家货币大幅升值，降低中国出口的竞争力，这是不争的事实。

第五章 大贬值

2015年8月11日，以改革名义所实施的一次性贬值，三天贬了4.6%，这是一次性调整，此后第四天开始，央行加大人民币汇率干预力度，人民币汇率的波动再一次收缩，稳定在6.40一线下方。整个8月，央行为稳定汇率投入了1200亿美元－1300亿美元。

央行官方做出表态："人民币要贬值10%以促进出口，这完全是无稽之谈，完全是没有根据的。"这个表态含义深刻，只有让历史去解读了。但有一点是肯定的，三天的贬值，国际市场的影响超出想象，人民币汇率贬值戛然而止，央行开始维稳，但是离岸市场的下拉作用也超出想象。

有些人只看制造业新订单指数，事实上新出口订单指数更重要，为什么？因为中国的制造业，尤其是中小企业的制造业，是出口拉动的。如果出口订单下滑，制造业新订单也很难有起色，因为很多企业干脆关门了。

如果经济数据持续下滑，尤其是进口数据不好，央行在离岸市场的压力将加大，那么可能的选择只有两个，一个是加大资本管制措施，一个是允许汇率贬值。这都是无奈的选择，如果政府对汇率陷入无奈，一般都是以悲剧收场的。

银联为何要限制境外取现

拿着银联卡可以在境外畅快取现，向来是银联的一个撒手锏，但是现在可不行了。银联通知："按照国家外汇管理局最新要求，为进一步加强境外反洗钱工作力度、防范金融风险，

| 货币风暴

中国境内银联人民币卡在境外提取现金,除每卡每日不超过等值1万元人民币外,增设年度限额。"

也就是说,自2016年1月1日起,中国境内银联人民币卡每卡每年在境外累计取现不得超过等值10万元人民币。一个人在境外取现的额度,每年大概就在15000美元,远远小于目前境内实施的个人换汇的额度。2015年10月1日至12月31日,每卡累计不得超过等值5万元人民币。此前银联卡在境外取现,只有一个单日限制,没有年度总额的管理,即境外使用银联卡在ATM上取款,借记卡单卡每日累计取款不超过1万元人民币的等值外币。

银联制定这个政策的理由是:按照国家外汇管理局最新要求,为进一步加强境外反洗钱工作和防范金融风险。仔细考察,限制取现与反洗钱最相关的是每日取现,如果限制年度额度,说成是为了反洗钱,显然不是主要的,最主要的当然是金融风险。

如果你在境外取现,取出来一般是外币。因为在国外人民币现金不能使用,或者即使你取现的是人民币,也一定要兑换成外币,这个过程相当于你把境内的人民币存款兑换成外币,然后汇到了境外,简单地说就是资本外流,这是一个很直接的资本项目管制措施。

自从2015年8月11日汇率贬值之后,央行开始稳定人民币汇率,9月10日还在香港离岸市场进行干预,仅8月消耗的外汇储备就达1200亿美元以上。显然,央行在不可能三角:独立的货币政策、汇率稳定和资本自由流动之间,放弃了资本自由流动,实行了至少是初步的资本管制措施。而减持了汇率稳定和独立的货币政策,这显然是试图以时间换空间的措施。

第五章 大贬值

从 2015 年 8 月 11 日汇率贬值，人民币体现出了相当大的贬值压力之后，央行已经推出了好几项资本管制措施，如调高人民币远期售汇收取保证金，禁止个人购汇分拆行为，对企业购汇贸易背景真实性的严格强调，包括对 NAR 账户的限制等。尽管外汇局人士极力否认这属于资本管制，其中一个理由是这些政策其实是既定政策，但是要注意这些政策正是在当时资本管制时代制定的。在最近几年资本账户开放的大背景下，这些资本管制政策基本都已经形成虚设，现在又重新启用，那应是另当别论的。

2015 年 8 月 11 日贬值后，离岸市场人民币价格一度与在岸市场偏差达 1000 个点，这也一度是人民币贬值预期强烈的一个表现。但是 9 月 29 日离岸人民币汇率强劲上涨，超过在岸人民币逾 200 点。北京时间 17∶27，离岸人民币／美元涨 0.57% 报 6.3433，涨超在岸人民币对美元汇率收盘价 203 点。这也是离岸人民币自 2014 年 11 月以来首次强于在岸中间价。市场人士一致认为这是央行在进行干预，以削弱由于美联储加息所导致的资金流出和人民币贬值预期。但是贬值的预期短期内很难打消，而且离岸市场一天的交易额达到 2500 亿美元，如果央行或者其他大行去抛售美元，稳定人民币汇率，那要消耗多少外汇储备？

历史经验表明，资本管制在短期内有效，长期内不仅成本高，而且损害经济发展、阻碍市场化进程，并且一般而言，很难起到预期的效果。

第六章
冲刺 SDR

实际有效汇率的难题

整个 2015 年,应该都是人民币权力向 SDR 冲刺的年份,副总裁朱民参加 IMF 世行 2015 春季年会时表示,IMF 份额改革已启动绕开美国的"B 计划",这是因为美国国会不能批准 2010 年额度改革。

为此中国表示失望。央行行长周小川在美国华盛顿出席 20 国集团财长和央行行长会时表示,关于国际货币基金组织份额改革,当前进展令人沮丧并备感失望,各方应尽最大努力维护国际货币基金组织的信誉、合法性、有效性。

国际货币基金组织执行董事会 2010 年 11 月就份额和治理改革"一篮子"方案达成一致。根据该方案,中国份额占比排名将从并列第六跃居第三,发达国家份额整体将降至 57.7%,发展中国家升至 42.3%。但这个国际货币基金组织在 65 年的历史上"带有根本性意义的治理改革",因其最大股东美国迟迟未予通过,导致改革方案至今未有实质性推动。

| 货币风暴

国际货币基金组织（IMF）副总裁朱民重申并督促美国政府和国会尽快通过改革方案："与此同时，我们也很明确，那就是，我们不能再等美国和国会了，我们已经开始启动了'B计划'，会议对启动给予了认可。"

"IMF在2010年份额改革方案不能完全实施的情况下，会考虑从发达国家转移一部分份额，或者增加一部分份额给新兴经济体的方法，使新兴经济体国家的份额最大限度上达到份额改革方案要求的水平。"显然，这次改革对于提升人民币在国际货币市场的地位，使其进一步国际化，具有非常关键的意义。这一次是中国和美国在明面上的博弈。

但其实，为了在这次SDR改革中能够胜出，中国是付了相当大的代价的。近日，国际清算银行(BIS)发布的最新数据显示，2015年3月人民币实际与名义有效汇率指数双双再创历史新高。

数据显示，2015年3月人民币实际有效汇率指数上升0.96%至131.66，为连续第10个月上升。同时，人民币名义有效汇率指数在3月也上升了2.01%至126.07，同样为连续第10个月上涨并再创历史新高，涨幅与2月相比明显扩大。

实际有效汇率是剔除通货膨胀对各国货币购买力的影响，一国货币与所有贸易伙伴国货币双边名义汇率的加权平均数；而名义有效汇率则是其货币与所有贸易伙伴国货币双边名义汇率的加权平均数。这是两个非常重要的宏观经济指标。

国际清算银行的有效汇率指数是基于2008—2010年贸易数据权重，并以2010年为基期。在人民币指数的权重中，前三位分别是欧元、美元和日元三大货币。

人民币名义有效汇率和实际有效汇率的上升，根本原因在于中国实行了对美元的软盯住方式。随着美元汇率最近两年大幅上涨，人民币的实际有效汇率和名义有效汇率也都在大幅上涨，但是这对中国的出口产业实际上产生了巨大影响。

中国为何在此时要实行这样的货币政策，也就是在欧洲和日本都在放水的情况下，却对美元实施了软盯住。一方面是国内的宏观经济状况基本被绑架在基础设施和房地产行业上，这些泡沫必须有一个强势的人民币维持；另一方面，就是希望人民币升值，容忍欧元和日元的贬值，希望得到成员国的认可，为提高SDR篮子创造更多条件。

从2015年一季度的数据和市场表现可以看出，为了维护人民币相对于其他货币的强势，央行采取了抛售外汇储备的方式，这是付出了巨大成本的。但是现在的情况确实是无论国际经济还是国内经济都不支持人民币汇率强势。

美联储的持续加息对人民币汇率造成极大压力，而国内的经济却还处于下滑探底的过程中，经济急需通过财政和货币的宽松刺激。2015年多次降低存款准备金率，事实上是对冲已经流出的资金，并支持即将进行的1万亿地方存量债务的置换。这些都让央行的行为看似矛盾：在外汇市场上维护人民币的强势，但是在国内的货币政策上进行宽松，事实上又是对本币汇率的削弱。

人民币冲刺SDR非常重要，冲刺成功，将对人民币汇率形成一定支撑，资金流出的现象就会收敛，因此中国官员对于这次改革发出了前所未有的期盼，并在前期做了诸多的铺垫工作。

| 货币风暴

SDR 战略意义

2015年是对SDR篮子5年一次的重新评估的年份，中国央行希望人民币趁机能够进入SDR篮子，这是人民币国际化的关键一役。如果这次冲刺失败，意味着下一个机会要到5年以后，这对一个正在突飞猛进的经济体来讲，是一个等不及的期限。

央行为了这一步已经做了大量的准备，如最近几年在国际贸易领域的人民币结算正在大幅度增长，人民币的离岸市场也在大范围地扩张，与多个国家进行货币互换，多家人民币清算行的建立，人民币跨境支付系统的建立，以及最近在金融市场上对外资的开放，如在银行卡清算领域的开放等，不可谓步子不大。

在境内，已经实行了自贸区范围内的资本项目可兑换，人民币也实现了一定范围的日内波幅的扩大，央行对人民币汇率的干预也在逐渐减少。另外，对于资金的进出境的一些限制政策也正在逐步清理，人民币利率的市场化目前仅剩存款利率的控制，而且只差临门一脚，只要不出现利率的大幅上涨，人民币利率就有可能实现自由化。剩下的就仅仅是人民币汇率的自由浮动和资本项目个别条款的实现，当然这也是最为关键、颇为艰难的几个环节。

目前即将实行的大动作是，在债券市场引入外资金融机构。2015年4月末，央行批准32家机构进入银行间债券市场，包括11家QFII、10家境外机构以及11家RQFII。截至2014年末，共有211家包括境外中央银行或货币当局、国际金融机构、主权财富基金、人民币业务清算行、跨境贸易人民币结算境外参加行、境外保险机构、RQFII 和 QFII 等在内的境外机构获准进入银行间债券市场，较 2013 年末增加 73 家，其中已有 180 家境外机构入市交易，持有债券 5720.4 亿元。

这是资本项目对外开放跨度很大的一步，而 2015 年跨度更大的一步是，中国上海自贸区合格个人境外投资（QDII2）试点最快有望于今年上半年启动，中国央行考虑对符合条件的个人投资者取消每年 5 万美元的购汇额度限制，不再设置上限。当然这些措施最终没有实现，是由于人民币突然贬值预期大，打消了央行的念头。符合条件的个人包括自贸区内就业，并在上海纳税满一年以上，可以开自贸账户。QDII2 试点的投资领域主要包括移民投资、房地产投资、股权投资和实业投资。

中国为什么如此看重 SDR，SDR 到底能为一个国家带来什么好处？

SDR 是什么？SDR 是 Special Drawing Rights 的缩写，简称为特别提款权，是 IMF 所创设的一种辅助的国际储备资产。但 SDR 并不是一种实物的货币或者黄金，也并不是 IMF 的负债，而是由 IMF 所担保的，可以自由兑换国际储备货币的一种"权利"，有时候也被称为"纸黄金"。而 SDR 篮子中的货币目前只有四种，美元的权重为 41.9%，欧元为 37.4%，英镑为 11.3%，日元为 9.4%。最新的一份 SDR 的价格约等于 1.4 美元。这个东西听起来比较专业，但是只要知道这只是一种货币兑换券就可以了。

SDR 实际交易也很少，其更多代表的是一种象征意义。加入 SDR 篮子无论是从金融经济的角度来讲，还是从国际政治的角度来讲，都无疑是一次大的飞跃。中国作为第二大经济体，

| 货币风暴

作为市场化的经济体，才真正在国际市场上登堂入室，具备应该有的话语权；才真正为国际社会所承认，禀赋了其应该有的权威性和主流性。这自然是中国人要全力争取的，也是中国经济实力应该有的。

更由于目前中国作为一个转型国家，一个弱货币国家，在本币强大的升值压力下，为了筑起经济危机的防火墙，不得不储备过多的外汇，尤其是美元储备，造成中国金融体系和货币体系的紊乱。这不仅对中国内部的经济而且对国际经济发展的平衡也会造成影响，所以一个超大型经济体具有国际地位和话语权是符合国际利益的。

而就人民币本身而言赢得其相应的位置，意味着短期内人民币在国际使用、国际交易、国际储备方面的大踏步飞跃。国际社会将更多地购买人民币资产，国内的机构也更多地参与国际投资，并能帮助中国吸引外资。这不仅有利于稳定人民币汇率，更有利于维护国家金融稳定，在美联储货币政策正常化的进程中规避其不必要的风险。

更为关键的是，在目前"一带一路"建设成为新一届领导层长期战略举措的情况下，人民币进入货币篮子具有举足轻重的作用，这也再次对人民币国际化产生了重大的推动力。

IMF 和舒默发生了分歧

美国参议员查尔斯·舒默在 2015 年 5 月 7 日表示，国际货币基金组织（IMF）对人民币的估值是错误的。他呼吁美国在贸易对话中采取更为强硬的态度，严厉打击操纵汇率。他认为人民币仍然被严重低估。舒默很可能于 2016 年成为参议院民主党领袖，他一直竭力主张通过贸易法案，解决货币操纵问题。相关法案将于 5 月中旬在参议院进行辩论，如果通过，将给予美国总统"快车道"的权力。考虑到国家领导人下半年将出访美国，舒默的此番动作对人民币汇率造成的影响就更加复杂化了。

但是舒默的意见目前正好与 IMF 形成对立。有报道称，IMF 对人民币的最新评估是"估值合理"，这一结论将正式写进在几个月后公布的报告中。过去 10 年里，人民币累计升值超过 30%，一些 IMF 官员就此表示，目前人民币汇率大致合理。而此前包括舒默在内的美国大多数议员指责人民币汇率被人为低估的依据都来自 IMF 的判断。

现在要探讨的是 IMF 为何与美国发生如此分歧。笔者认为，首先是在经济立场上，欧洲目前正在走出一条独立的道路，不再唯美国马首是瞻。这一点从此次欧洲和美国对于亚投行不同的立场可以看得很清楚。对于亚投行的成立，最先表示作为创始国成员加入的是英国，英国是美国传统的盟友，但是基于利益考虑和未来国际形势的清醒判断，英国做出了大胆的选择，接着其他欧洲国家跟进，将美国甩在一边。这个行动其实是欧洲国家试图摆脱美国主导的国际秩序的一个尝试。当然这种选择其实是在对美国造成压力，从而实现自己的部分利益。

而由欧洲主导的 IMF 对人民币汇率态度的变化，更是一个标志性的事件。如果在西方国家中对人民币汇率出现分歧的声音，这无疑非常有利于中国，中国将在汇率问题上采取主动，显然美国就会陷入极大的被动。尽管在 5 年一次的 SDR 货币篮子评选中，美国仍然可以利用其占有优势的投票权阻碍人民币的加入，但是其付出的代价是很大的。

另外一个重要原因是，恐怕相对于美国，由于IMF中有中国管理者，如此前在中行长期任职的朱民副总裁，其对中国经济现状的游说和解释不无关系，这让IMF相对于美国更了解中国经济的实际情况。

我国不论是货物贸易还是资本流动，或者外汇储备的变化等方面都反映出人民币已经接近或者超过人民币均衡位置的迹象。

2015年3月末外汇储备余额为3.73万亿美元，是自2013年12月以来的新低。如此算来，2015年一季度中国外汇储备减少1100亿美元，为连续第三个季度下降。

外汇局最近公布的数据，2015年3月，我国国际收支口径的国际货物和服务贸易收入9165亿元，支出10201亿元，逆差1036亿元，2014年同期为逆差609亿元。从2015年一季度的情况来看，我国国际收支口径的国际货物和服务贸易收入32973亿元，支出28279亿元，顺差4695亿元。2014年同期为逆差累计2009亿元。以上数据表明长期的双顺差格局结束，外汇储备正在发生逐步的减少，人民币升值压力已经可能转变为贬值压力。

其实，以上数据似乎只是短期的趋势，但是从宏观的背景来看，人民币汇率达到均衡水平反映的更是一个长期趋势。随着人口红利的消失，急速老龄化的到来，以及房地产等债务泡沫的破裂威胁，再加上劳动力成本的进一步上升，宏观经济下滑压力加大，财政收入急剧萎缩，社保欠账严重，地方政府债务的问题仍然悬而未决等因素，都表明未来人民币汇率可能将在均衡位置进一步贬值。

而目前人民币汇率的确已经接近或者已经超过其均衡位置，作为货币当局如何顶住来自外部的压力，保持内外部的货币均衡，其实考验才刚刚开始。

IMF 评估人民币进入 SDR 的多重考虑

2015 年 8 月初，有媒体报道"IMF 推迟人民币纳入 SDR"的消息，此后很快 IMF 便请相关媒体进行修改，并在官方网站以权威访谈形式予以澄清。IMF 策略、政策及审查部主任赛达斯·提瓦瑞（Siddharth Tiwari）在访谈稿中表示，报告只是建议将当前货币篮子到期时间由 2015 年底延长 9 个月至 2016 年 9 月 30 日，这是避免在一年中的首个交易日引入新的货币篮子而增加风险与成本，有助于降低 SDR 使用者面临的不确定性。这种延期并不是为了让中国有更多的准备时间。

"IMF 今年底前仍照例举行 5 年一次的 SDR 货币篮子评估会，今年评估会的主要任务就是评估人民币是否满足'可自由使用'的条件从而纳入 SDR。"提瓦瑞表示，"人民币目前是唯一一个符合'出口货物和服务总量居所有成员国前列'但没有被纳入 SDR 货币篮子的货币。"

根据报告原文的表述，以及此后 IMF 的紧急更正来看，人民币 2015 年被纳入 SDR 货币篮子的可能性应该是上升了。IMF 对一国货币加入 SDR 规定有两个条件：一是该国出口货物和服务总量位居所有成员国前列,二是货币应"可自由使用"。而中国目前条件不足的就是第二项,不过此次对于"可自由使用"IMF强调不等同于"完全自由可兑换"和"完全自由浮动",这就大大增加了人民币的纳入概率。

不过无论如何,IMF货币篮子是24个执行董事会成员国的投票决定,第二项里许多问题仍然是考虑因素,如目前资本项目的可兑换还不能说已经自由,很多项目仍然受政府严格控制,也就是说资金还不能自由出入过境。更重要的是目前利率由市场决定还差最后一步,也是最关键的一步,就是存款利率的政府控制,估计存款利率的市场化2015年就可以解决。

更为重要的一个步骤是人民币汇率的市场化,人民币汇率目前日波动区间还被限制在2%,人民币汇率还严格受央行每日发布的中间价控制,离市场化还有很大差距。

人民币利率和汇率的市场化尽管不是SDR货币篮子的明确条件,但是利率和汇率的市场化显然能够扩大人民币的国际使用,并成为国际成员的储备和交易货币的基础条件。

IMF发布的报告显示,一系列基于可得数据的广泛指标显示,自2010年SDR评估后,人民币在国际使用中取得"显著进步"。人民币的国际化使用从较低的基础上日益增加,而且这是一种"持久趋势"。

这是IMF对中国人民币国际化推进成果的肯定,引人关注的是IMF在此前发布报告称人民币汇率基本达到均衡水平,这个表态很重要。因为这个表态显然与美国某些官员对人民币汇率的态度唱了反调,让中国大大减轻了人民币的汇率升值压力。

当然,就在中国A股2015年发生股灾后,中国政府强势干

第六章 冲刺 SDR

预进行救市时，IMF 曾经敦促中国政府不要干预股市，应该使其由市场决定。不过 IMF 总裁最近表示中国 A 股的表现并不影响人民币进入 SDR 的评估。

一般而言，在当今国际货币金融体系中，两大重要的金融制度安排，一个是世界银行，另一个是国际货币基金组织，尽管他们都受欧美老牌资本主义控制，但是世界银行受美国影响更大，而国际货币基金组织更加受欧洲控制。在欧洲和美国之间也存在一定范围内的矛盾，这从二者对人民币国际化的不同态度就可以看出来。

就目前国际货币形势而言，随着美国经济的强劲复苏，大宗商品持续低迷，美联储加息步伐越来越近。未来美联储的加息将会是一个长期而缓慢的过程，将推动美元长期升值，美元的强势归来已经是近在眼前的事实。而与此同时，欧元则由于债务危机处于焦头烂额的境地，更由于希腊债务危机长期不能解决，甚至一度有退出欧元的打算，连欧元的生存都打上了问号，可以肯定，至少在最近几年时间里，欧元都难以重新回到金融危机之前可以与美元分庭抗礼的地位。这时候 IMF 在其货币篮子中加入人民币，一方面提升了 SDR 在国际货币体系中的权威性和代表性，另一方面也扼制了美元在国际货币体系中过于强势的地位，从而得到一定程度的平衡。

人民币进入 SDR 是个千载难逢的机遇。中国经济处于不可避免的下行周期，产能过剩严重，债务高企，经济体内部正在进行结构转型，内部能够回转的余地有限，中国经济必须在外部寻找机会，那么人民币就必须国际化，而加入 SDR，事实上人民币才赢得了它在国际经济中应该得到的位置，也得到了国际权威机构的信用背书，这是人民币国际化至关重要的一场战役，是必须胜利不许失败的。2015 年 8 月到 2015 年底的这段时间里，关于人民币汇率日波动区间的扩大，以及资本项目的开放等，都是一个绝佳的机会。

强势人民币如何可能？

人民币加入 SDR 后，央行应该对人民币采取一个什么战略的问题，引起一些人的思考，如有央行人士建议，中国应该学习 20 世纪美国采取强势美元的战略，实行强势人民币的策略。

事实上，没有一个国家不希望自己的货币在国际上是强势的，没有一个国家乐见其成自己的货币是弱势的，这个问题的关键不是强势与否，而是如何可能，以及自身内部的经济能否承受。

观察至少几十年来的汇率变化，我们发现没有一个货币的强势汇率是由政府的强势战略带来的，也就是说强势汇率只是内部经济平衡、增长强劲、收益率高的一个结果，而不是仅仅由政府设定一个强势汇率的目标就一定能达成的。

以美国为例，2008 年金融危机爆发，美联储实行量化宽松政策，许多人认为美元必然大跌，但是美元却恰好相反，进入升值周期，其原因并非美联储实行了强势的美元政策，而是相较于其他经济体，美元是最稳定、收益最大的。市场最终的反应是美国开始缓慢复苏，而其他新型市场货币包括欧元和日元、加元、澳元等货币则进入漫漫熊途。

第六章 冲刺SDR

客观上看，未来人民币要国际化，至少不能太弱，一个弱势的货币，不可能国际化。例如，日元本来是一个很好的国际化之路，早早加入SDR，但是由于日元一直弱势，国际化之路走得并不平坦，真正原因是其内部经济增长一直疲软，境外投资者拿了美元没有多少收益，其在外贸结算中也没有多少便利。

但是人民币是否能如美元那样真正如愿成为一个强势货币，最终走上真正的国际化，在美元独霸天下的情况下，分一杯羹呢？事实上是很难的。

1995年，美国在经历了罗浮宫协议试图扭转美元贬值趋势失败之后，克林顿总统任内的第二任财长鲁宾提出"强势美元政策框架"。鲁宾和其他美国高层官员并未解释什么是强势美元政策的汇率水平，但是有解释认为，该政策的策略是把自己的事情做好，来维护美元的主导地位：对内平衡优先，经济好则货币强。

也就是说，如果美国采取了强势美元政策框架的话，这个框架也是一个无为而治的政策，他们没有在汇率上做干预，而是做好更为根本的事情，稳定国内经济，并提升国内经济内生增长能力。

笔者认为，美元之所以强势，除了其完备的政治社会制度基础、强大的军事力量、历史延续的国际老大地位外，其实更根本的是经济内部的创新动力。我们知道，美国经济在二十世纪七十八十年代是很疲软的，当然美元也疲软，日元很强势，日本人差点把美国曼哈顿都买走了。但最终日本发生金融泡沫，房地产和股市泡沫崩裂，而与此同时，以信息技术互联网为基础的美国经济开始崛起，美元同时崛起，日本人最终都退出了对美国房地产的投资，美元强势才开始延续。

中国经济在目前情势下，尽管还有 6 到 7 个点的增长，但已经是强弩之末，主要是人口的下降，旧的增长方式已经难以为继，新的增长方式还没跟上来。在科技创新方面乏力，政府管理经济的能力还很落后，地方政府还是喜欢挽起袖子自己干，经济增长缺乏自我生长能力，尤其私人投资长期低迷，民营企业困难重重，低端的制造业产业很难升级换代，这是最大的问题。

所谓对于未来的中长期汇率政策安排，不可执行所谓的强势人民币汇率的概念，而是要遵照市场。汇率过于强势，必然伤及内部经济，这是常识。相对疲软的汇率有利于经济的增长，尤其是对于中国这样一个新兴市场经济体，千万不能自信心过于膨胀。

更为关键的是，美联储在 2015 年 12 月加息，美国进入加息通道，未来美元强势是大概率事件，而人民币相对于美元还在升值，或者还要升值。如果是强势人民币，那么是相对美元强势呢，还是相对日元欧元或者其他新兴货币强势？如果相对于美元强势，中国经济如何承受得了？这才是这个问题讨论的真正意义。

人民币加入 SDR 历史暗线逻辑

2015 年人民币加入 SDR 是受到欧美欢迎的，尤其是欧洲看起来更加欢迎中国加入 SDR，拉加德热情甚高，出乎许多阴谋论者的预料：人民币加入 SDR，就可以成为国际货币，成为国

第六章 冲刺 SDR

际储备货币,这是对中国的最大支持。与此前欧美借助一切手段,一切机会"打压"中国的做法完全不同,这是怎么回事?于是许多阴谋论者又替欧美想出一套阴谋:加入 SDR 其实是给中国做了一个局,或者上了一个套子,然后中国就得听他们的,遵守他们制定的规则,听从他们开放金融市场,然后让他们进来"剪羊毛"。

总之,在阴谋论者那里,中国人都是傻瓜,欧美人都是靠吸人血过来的,这种阴谋论总能自圆其说。

国际利益向来就是博弈,而在经济领域双方都会根据收益和风险做权衡,大家都是自私的,都要获得最大化的好处。这是正常的,也要以平常心接受,中国人自己也是如此,没有几个活雷锋。

比如在中国人民币加入 SDR 上,不仅仅是 IMF 需要它,世界各国包括欧美也需要人民币加入 SDR,因为一个货币加入 SDR 不仅仅是权利,更是一份责任。想当年美国人拼命要日元加入 SDR,日本人是坚决抗拒的,因为这意味着日元的升值以及金融市场的开放,日本人天生保守的性格承受不了这么大的变化。

中国这次进入 SDR 是非常主动高调的,这与其人民币国际化战略有关,进入 SDR 是人民币国际化的关键一步。有人统计,人民币的实际国际地位若达到与日元相当,境外对人民币主权债券的需求为 3000 亿美元,若与英镑相当,缺口会高达 1.9 万亿美元。俄罗斯已经表明要发行人民币债券。

境外为什么对人民币资产需求,作为一个庞大的经济体,作为一个政局稳定的经济体,目前在全球的经济实力中,至少

货币风暴

在短期来看，除了美国，就是中国。在美元强势周期之下，可能唯有人民币能够做国际信用价值框架的次中心。若政局保持稳定，经济适当放缓后，进行开明的改革开放，这样的结论会被一再证明。这不是谁的能力或者主管设计，实乃世界大势浩浩荡荡，谁也想不到欧洲会烂到如此，日本会烂到如此，这是历史赋予人民币的责任。

这一点在2015年10月美联储暂缓加息声明中就可看出，其中最大的顾虑就是中国经济，而当时中国金融市场正发生动荡。2015年6月发生股灾，接着8月11日人民币大幅贬值，带动整个新兴市场货币贬值，人民币还没怎么跌，但是巴西、阿根廷、南非、印度尼西亚、马来西亚、俄罗斯、泰国和韩国等国家货币跌得更加凶猛。这是什么原因？因为这些国家的经济是建立在中国需求之上的，其货币信用的来源是中国对他们原材料的进口。人民币的贬值，则预示着其制造业的进一步收缩，其对原材料的进口能力进一步削弱，直接效果就是这些国家的出口进一步下滑，贸易顺差不在，在外汇储备有限的情况下，资金就会流向美元。

所以美联储没有加息，它是害怕加息过早，对人民币造成打击，或者将失去一个国际价值维护者这样一个力量。

从这个意义上说，如果人民币加入SDR，其购买能力将会强化，其币值理论上也会相对稳定，其实是中国对这些新兴市场——原材料提供国的一个贡献或者一个补贴。如果任由人民币贬值，则是两输局面：一是中国经济泡沫破裂，二是新兴市场货币崩溃，经济崩溃。美国经济复苏也缺乏外围需求的支持，如苹果的买家就不会那么有钱，这是很明显的例子。

事实上，按照世界价值体系的框架，美元作为世界价值体系的核心，此前它是扩张的，它向世界各个角落提供价值，如大规模的双逆差，在世界范围内的国际警察地位等。但是当国际局势发生目前这样巨大转变的时候，美国也是自然向内转，如制造业的回流、双逆差的缩小，如其经济体内部的自足自给，最明显者当属页岩油气的大规模开采，美国石油自给，建立于中东石油矿藏的石油美元体系的瓦解。

那么这时候的趋势是，美元由此前的世界价值体系的太阳，就是向世界各地输送价值和信用的太阳变身为黑洞，吸收价值和信用的黑洞。这时候唯有人民币能够作为抵挡这个黑洞的力量，至少短期看来是如此。因为局势赋予人民币居于庞大的经济规模和体量，以及内部空间的回旋余地，这是人民币进入SDR的历史必然暗线。当然当事者——各国领袖可能没有意识到这个历史暗线，但他们都按这个历史暗线、历史逻辑在行事，也许他们是无意识的。

加入SDR和雾霾的辩证关系

2015年冬季雾霾吞噬了整个帝都，中国大半个北方都在烟雾缭绕中飘逸，不出所料的是，人民币终于被宣布加入SDR，这还是让媒体和关心此事的人狂喜了一阵。因为它的确具有强大的象征意义，即使实际操作上的意义也不弱。

人民币纳入SDR，对于中国企业而言，是国际最权威机构对人民币资产品牌和信用的一个背书，是国际社会对中国企业和中国产品的接纳和认可,是给中国企业"走出去"的通行证上镀了一层金,是人民币资产的商誉溢价。

作为一个发展中国家,作为一个具有十多亿人口的曾经的亚洲弱国,其货币加入 SDR,是国际社会对它的接纳和认可,是对中国企业、中国产品甚至中国改革开放的认可和接纳。

可以这样说,如果中国加入 WTO 是对中国低端制造业的认可,对中国勤奋劳动力的认可的话,那么加入 SDR 则是对中国市场经济制度体系的认可,对中国金融体系的认可。也就是说,中国人此前是在低端制造业和国际上发达的国家游戏,而从现在开始则是在金融领域游戏,这无疑是高端的高智商的活动,当然这仅仅是一个开始。

即使从实操意义上讲,其带来的好处也是可以说说的。国际市场对人民币资产的需求将逐步上升,有利于企业跨境投资、交易、收购、兼并、购买资源等。例如,在此之前,用人民币进行支付结算,而不需要通过美元作为中介,可以规避汇兑风险,节省成本,中国企业为此必须向贸易对象提供更具吸引力的价格和融资。而人民币加入 SDR 后,用人民币支付结算可能就成为双方的意愿。

而对中国人的智慧、产品、金融体系和产品体系的商誉的溢价,就更是 SDR 带来的容易被忽略的好处,比如企业境外并购的可信度、中国企业境外融资的价格、中国金融企业进入世界市场的资格等,SDR 带来的好处是无法计数的。

当然对中国而言,SDR 带来的这些溢价是否能够持续并得到升华,事实上考验才刚刚开始。

比如雾霾,要不是中国低端制造业破坏环境、消耗资源和

第六章 冲刺 SDR

人力,人民币何以进入 SDR？进入 SDR，必须有两个条件，一个是贸易量足够大，另一个是货币自由使用。笔者认为人民币加入 SDR 主要是靠第一个条件。可以这样说，中国经济的体量以及贸易量，使得没有人民币的 SDR 成为一个笑话，所以 SDR 不仅仅是中国的要求，更是 SDR 的呼唤。

而经济体量和贸易体量成为世界老二的代价之一就是雾霾，这是人民币进入 SDR 这一天，每一个中国人必须明白的一件事。正是中国低端制造业需要转型升级的时候，人民币进入 SDR，这是对我们的一个警醒也是我们的一个转机。因为雾霾已经使人们在心目中对人生的意义、幸福的意义、财富的意义等观念发生了动摇。如果我们的财富是以破坏环境、破坏资源、两极分化为代价，尽管我们开着豪车、住着别墅，你整天呼吸的是有毒气体，年轻时打拼的财富要归还医院，并且还要承受病痛和手术之痛，这样的财富又有何益？以如此高的代价加入 SDR，我们又是为了什么？

因此，摆在每一个中国人面前的，将是未来的经济增长到底需要走一条什么样的路？而为了走上这条路，我们要做哪些工作？我们的制度体系、经济体制和人口结构要做哪些调整，甚至是文化价值观的调整？我甚至可以斗胆说，为了不吸这么多毒气，我们能不能走得慢一些，我们的经济能不能发展得慢一点，人们是不是可以忍受一定的贫穷，我们能不能为那些因关闭了厂房而下岗的工人提供补贴，换来一个清新的空气？在继续高工资豪华生活的同时吸收毒气，以及生活平淡一点但呼吸清新空气之间，你选择后者还是前者，答案不言自明。

| 货币风暴

外汇储备剧降

外汇储备经过2015年10月短暂回升后,11月又是一个大降。2015年11月外汇储备较上月下降872亿美元,至34383亿美元,预期为34925亿美元。

从外汇储备来看,在2015年8月11日人民币汇率大跌之前,7月外汇储备就已经出现巨额下降,当月下降达500亿美元。8月人民币大跌后,外汇储备减少900亿美元,9月外汇储备顺势下降433亿美元,10月外汇储备小幅增长114亿美元,但是到了11月,许多人认为,外汇储备的下降可能告一段落了,但没想到11月更是加速下跌。

外汇储备的下降,一般都认为是因为央行在离岸和在岸市场上维持人民币升值所致,但是2015年11月人民币基本上是一路持续贬值的行情,10月30日在岸市场人民币大涨到6.3567,然后开始了持续一个月的贬值到今天的6.4112。尽管幅度相当小,但是对于受央行控制的人民币市场而言,这个幅度也是相当可观的。也就是说,为了维持人民币不大幅贬值,央行仍然消耗了800多亿美元才得到这样一个成绩,尤其是在离岸市场上,央行曾经一度强拉过人民币,抛售美元,但最终还只是维持了一个小幅下跌的态势。

原因是2015年12月15日的议息会议之后,美联储打开了加息通道。这是美元大涨、外汇储备大跌的最基础原因。

美国经济的此次复苏是从2012年开始的,尽管中间有很多反复,但是复苏是在加速,这也是加息的原因。而美国经济内

第六章 冲刺 SDR

部的增长韧性，尤其是其体制内的创新动能等都决定了美国经济仍将可能一枝独秀，独立于世界经济的荒原之上。当然外围经济的低迷，比如欧洲和日本包括中国的经济都对美国经济有所拖累，但是内部的经济增长动能已经进入惯性，升息通道依然打开，美元的升值将会持续，美联储必须通过加息来平抑经济增长带来的通胀风险。

因此，人民币贬值的压力会越来越大，这里边不仅仅是人民币此前过于盯住了美元升值，也是因为国内经济债务比例过高，不良资产正在持续发酵，经济处于风险之中。未来经济不应该把汇率看得过重，而是如何在汇率与利率之间做出权衡、防范风险，或者把风险的破坏性降到最低。

两大预期

在 2015 年 8 月 11 日人民币大幅贬值，然后央行突然踩刹车之后，就开始了在外汇市场上的大幅干预，尤其是在离岸市场上进行干预，导致短期离岸价格和在岸价格出现倒挂，令做空人民币的各类头寸损失不小，不少对冲基金盘也都是在那几天止损出来的。

比如在月末合约的履约日，央行进行干预，这样就可以把在岸和离岸的价差收窄，让投机分子无利可图，但这也让投机者看到了规律。例如，如果汇差在 500 点，一般会采取做多人民币，往往这时候就能赚钱。

但是这次央行却无所作为，导致在岸和离岸的价格相差 600

| 货币风暴

点以上，有人测算过这个时候如果在香港市场上做多人民币，假如投入资金一个亿，就能赚600万元。不过，由于央行出台政策限制了香港市场人民币融资，导致人民币融资利率奇高，对冲基金手里没有人民币头寸套利。

其实2015年11月下旬美元的走势才是对央行最大的考验，美元冲击100点，强势上涨，并且还会上冲，如果要维持人民币稳定，必然是跟着美元涨，这现实吗？所以我们看到不仅仅央行不干预离岸市场，连在岸市场也放任自流，人民币中间价从本月初以来一路下跌，11月27日报6.3915，触及3个月低位，由此可见央行对人民币的态度。

加入SDR后，两个因素影响人民币汇率，一个是12月美联储加息预期，美元升值幅度；另一个是央行的态度。这两个问题中，唯一只有美联储加息有一定的不可预期性，但是12月加息的概率是最大的，唯一影响美联储加息的因素可能是中东局势，如俄罗斯和土耳其的关系，或者欧洲的经济复苏情况，这是小概率事件。

而就央行而言，外汇储备规模巨大，现在也必须维持人民币汇率稳定，不然后果会很严重。那么在11月后，人民币无论是否进入SDR，央行都将会维持人民币汇率的稳定，不会听任市场贬值，形成人民币贬值的一致预期。

不过笔者倒是还惦记着年中的时候国务院曾经出台政策要扩大人民币日间波动幅度，后来被人民币贬值干扰。

第六章 冲刺 SDR

可怕的顺差

进出口贸易顺差是过去多年以来人民币升值的基础,也是巨额外汇储备的来源,更是金融流动性宽松的基础。一般而言,顺差的主要来源是一般贸易项下出口的大幅增加,进口增幅相对减小,就会出现顺差。

但是,2012年后,出口增幅就开始下滑,此后逐渐进入负增长,这对顺差是一大扰动。不过,出口下滑的同时,进口也开始下滑,这是由于中国经济低迷,内需疲软。尤其是从2014年四季度开始,由于中国需求低迷,大宗商品一路下滑、大幅下跌,是这几年国际经济领域最令人瞩目的事件。这造成的后果是中国经济仍然是顺差,学界把这种顺差称为"衰退式顺差"。

更是由于这种"衰退式顺差"导致的外汇流入支撑了人民币汇率升值,因此才使最近几年人民币尽管大幅波动,但还算保持在一个相对平稳的状态,外汇储备消耗也不算太多。

但是这种"衰退式顺差"可能已经难以为继。

2015年11月以人民币计算进口同比下跌5.6%,跌幅较上个月的−16.0%收窄。11月贸易顺差维持在3431亿元的高位,但低于上个月的3932亿元。这是进口下跌开始逐渐收敛,这导致顺差可能会很快消失。到2015年第四季度,大宗商品的持续下滑已经进入尾声。未来的情况很可能是,随着美元的升值、中国需求的进一步下滑,大宗商品还会下跌,但是跌幅明显收窄,或者低位盘整,或者还会有"脉冲式"的上涨。

那么今后大宗商品价格对中国进口额的持续拉低效应就会很快消失,持续多年的"衰退式顺差"就会萎缩,这对人民币汇率的支撑作用就会弱化。

2015年11月前三个月中国的贸易顺差平均为580亿美元，10月中国贸易顺差为616.4亿美元，与2014年同期相比上升36%，是至少1995年以来的最高值，11月的顺差换成美元大约也在570亿美元以上，银行如果算上11月的贸易顺差，中国在11月流出的资金达到872亿美元，则流出资金在1400亿美元以上。当然由于美元持续升值，11月欧元和日元相对美元贬值，这样我国外汇储备美元价值应该减少300亿美元左右，那么11月我国资金流出会在1000亿美元以上。这当然是粗略计算。

重要的问题是，如果持续经年的"衰退式顺差"不再，仅仅依靠存量外汇储备如何抵御未来资金流出的压力？这对央行是一个极大的考验，人民币汇率潜藏着极大的贬值压力。

向左还是向右

人民币加入SDR，与汇率没有直接关系，主要是心理上的。因为人民币汇率如果是市场化的，其涨跌完全在于投资者对人民币未来的价值预期，而这又取决于中国的未来外贸状况和人民币资产本身的价值，后者则决定于中国经济未来的发展前景：如果我现在拿了人民币，未来人民币是否能换更多的国际货币，比如美元等。

投资者对加入SDR后的人民币汇率预期还是相当负面的，美银预计，人民币汇率至2016年底将贬值至1美元兑6.90元人民币。而反映在市场上就体现在人民币在岸和离岸两个市场之间的汇率差，这说明更为市场化的离岸市场和由政府基本控制的在岸市场之间对人民币有不同的判断。

这个汇差2015年8月11日人民币大幅贬值之前一直存在，央行当时也做出承诺，要促进形成境内外一致的人民币汇率。不过，两地汇差仅在2015年10月期间实现合二为一。而自8月11日以来，汇差平均值上升到了0.5%以上，汇差在282个基点。人民币两个市场汇差扩大的主因还是海外投资者的贬值预期重新加强，市场认为人民币基本确认能加入SDR，此后将重新进入贬值通道。这个预期在离岸市场表现为11月人民币汇率出现12日连跌局面。为了收窄这个利差，央行必然要在离岸市场进行干预，此前一周离岸市场人民币大涨，汇差开始收窄。

除了在公开市场进行干预外，央行也收紧了境外机构的融资渠道，境外人民币清算行、参加行的跨境融资渠道已经被收紧，不少清算行及参加行已被暂停人民币账户融资及参与债券回购交易。这种做法可以提升离岸市场人民币借入和做空成本，使得离岸人民币贬值压力得以缓解。

尽管央行官员一再表态，人民币汇率将趋于稳定，或将会进入升值通道，但这种预期引导基本是无效的。由于外汇市场是透明的，央行的数据也是透明的，这导致在人民币汇率上，央行未来要维持其升值，可选工具不多。如果一直跟市场对着干，强拉人民币汇率，对宏观经济负面影响更大。因为人民币的升值事实上是对美元的升值，而美元本身就在大幅升值，如果人民币还要对美元升值，那意味着对所有货币升值。就现在而言，即使保持对美元的贬值，其实对欧元和日元大多数时候也是升值的。

也就是说，未来人民币即使贬值不到位都会对国内经济产生重大负面影响，更遑论对美元升值呢？

可以肯定，未来中国经济下行压力只能是加大，中国货币政策重心当然是国内，首选利率，利率必须保持在低位。眼前的困难就是解决国企和地方政府的高负债成本问题，汇率几乎是很难顾及的。要维持汇率不大幅度的贬值，必然是抛售美元。也就是说，要么你在境内降低利率，必然代价就是把美元外汇储备交给市场；要么你彻底放开汇率，人民币大幅贬值，资金外流，国企或者地方政府还债。如果归还不了，那就按21世纪初的做法，成立资产管理公司，让纳税人买单。

至少从目前来看，央行选择的还是中间路线，让人民币适度贬值，维持境内低利率，以时间赢得空间，换取未来经济景气，从而降低地方政府和国企的负债。

人民币汇率最终取决于什么？

2015年12月10日，人民币兑美元再度下跌，收盘至6.4378，央行当日设定的中间价是中间价报6.4236，较上个发布日(12月9日)6.4140，调降92个基点，已4天连续下调385基点，刷新2011年8月以来最低水平。而香港离岸市场上，人民币兑美元也持续贬值，跌破6.5关口后，离岸市场和在岸市场之间的汇差进一步拉大，这被市场解读为人民币贬值的压力进一步加大。

央行中间价的设定一般被市场解读为央行对汇率的态度，而当下的国际金融市场则是欧元升值，美元指数下跌，央行去

第六章 冲刺SDR

引导人民币贬值，可能是为了在美联储2015年12月15日决定加息前，为自己的下一步战略赢得空间。也就是说一旦加息，可能会导致贬值压力形成累计效应。

2015年12月1日，人民币加入SDR，这是人民币走向国际储备货币的关键一步，一般认为这也是对人民币汇率的一个强劲支撑。但是与市场预期相反，人民币却走上了一轮可观的贬值之路。

最近一段时间的宏观数据对人民币贬值形成预期，2015年11月全国制造业PMI降至49.6%，创3年以来同期最低水准，内外需维持疲软状态，这主要受传统行业、高耗能行业深度调整所影响。欧洲央行延长资产购买计划6个月，但未提高每月资产收购规模，引发欧元贬值。美国劳工部公布的非农就业数据高于预期，美联储加息几乎已板上钉钉，美元汇率极为强势，一度突破100点大关，这也对人民币形成了较大压力。

对人民币汇率造成更为直接压力的则是2015年12月7日央行公布的数据，11月我国外汇储备为34382.84亿美元，较上月减少了872.23亿美元。消息公布后，在岸、离岸人民币汇率下跌更多。这说明即使在11月人民币缓慢贬值的过程中，央行也在公开市场通过抛售美元来稳定人民币汇率，因此才导致外汇储备减少。

对于人民币汇率，央行副行长易纲在2015年11月初举行的吹风会上也表示，目前中国经济仍处于中高速增长中，增长态势没有改变，并且货物贸易仍有较大顺差，外商直接投资和中国对外直接投资持续增长，外汇储备非常充裕，这些因素决定人民币没有持续贬值的基础。易纲同时指出，未来人民币汇

| 货币风暴

率双向浮动的弹性将会增加。在推进汇率改革的过程中，正常的双向波动是不可避免的，完全符合经济规律。这当然是官方通过舆论来引导市场预期。

大多数市场人士也认为人民币中长期没有大幅下跌的基础，如国泰君安分析师徐寒飞在 2015 年 8 月 31 日分析认为，在中国经济与政策的支撑下，人民币不具备趋势性大幅贬值基础，年末即期汇率预计在 6.6 左右。

当然，此次人民币贬值的最直接原因是美联储的加息预期，而这个预期将在 2015 年 12 月 15 日兑现。如果 12 月 15 日美联储加息，利空出尽；如果不加息，则加息预期利剑还是高悬，但是人民币未来的走势还受其他因素的影响。

一般而言，一个国家的汇率其实是货币作为资产价格的表现，最终决定于人民币的投资收益率，市场上的人民币贬值预期主要源自对疲弱基本面的认识。只要经济基本面没有显著改善，这种贬值预期就可能持续存在。笔者一直认为，相对于中国持续下行的经济基本面，人民币的贬值实在是太慢了，这就形成了人民币汇率的相对高估。这才是人民币汇率贬值的最终基础。然而，仅仅通过公开市场抛售美元稳定人民币的做法，不具有可持续性。

第七章
脱钩美元

人民币惊险一跃

中国外汇交易中心发布与13种货币挂钩的CFETS人民币汇率指数,其中美元在"一篮子"货币中的权重为26.4%,欧元占比为21.4%,日元为14.7%。与此同时,离岸人民币对美元汇率跌破6.56,创4年新低。

而中国央行官网转载中国货币网评论员文章称,人民币汇率不应仅以美元作为参考,也要参考"一篮子"货币。

在笔者看来,这是人民币2005年进行汇率改革以来最大的一个事件,它标志着人民币从此逐渐脱离盯住美元。这就是人民币换锚,这个锚最终选定了"一篮子"货币。这是人民币汇率形成机制的根本性改革,对人民币汇率未来会造成巨大影响。

简略分析,央行此次改革动作所指向的是两个节点:一个是人民币将逐渐与美元脱钩;另一个是人民币的币值将可能出现较大幅度的下跌。

先说第一个,人民币与美元脱钩,那么要问的是,此前为

| 货币风暴

什么要挂着美元？汇率改革主要是1994年朱镕基时期的汇率并轨，当时就是实行了盯住美元的政策，盯住美元的政策有什么好处？一个是美元是世界货币，是世界价值的准心，如果盯住美元，则意味着人民币成为美元的影子货币，美元下跌，人民币跟跌；美元上涨，人民币跟涨。而人民币盯住美元后，正好赶上美元大跌的周期，人民币跟着美元下跌，然后相对于欧日等货币下跌，对中国的改革开放，加入WTO，并最终成为世界工厂起到了巨大的推动作用。

我们看美元指数正是在2001年超过120高点，然后一路下行，直到2008年跌到70。此后，美元开始反复筑底震荡，2014年6月开始了新一轮升值，中国的经济也正是在这条曲线中找到秘密的。

也就是说，随着美国经济的强劲复苏，以及欧洲和日本经济的疲软，随着美联储的加息通道开启，美元的新一轮升值将不可阻挡，有可能超过2004年的120点。这时候，人民币是否还能盯得住？下跌的时候盯住美元，有利于国内经济；而上涨的时候盯住美元，则将断送制造业前程，这就是货币的秘密。

再说人民币的下跌，如果盯住"一篮子"货币，那在目前贬值压力很大的情况下，对美元必然是下跌，对欧元和日元可能维持平稳。如果真正盯住"一篮子"货币，美元的成分大概是26%。那即使说，对美元下跌1%，则体现在"一篮子"货币上下跌0.25%，这是一种粗略的说法，在这里笔者只是说明一个道理。如果同时人民币相对于欧元和日元升值的话，这个下跌几乎就抵消了，所以给人的感觉是好像人民币没有贬值。

现在也就是说，人民币目前在世界价值体系中退后一步，说的是挂钩"一篮子"货币，事实上是在适当贬值后，寻找新的价值坐标,当然目前的坐标是"一篮子"货币。由此前的唯一的美元,到目前更加倚重欧元和日元等,欧元和日元就目前的经济形势来看,未来还会走跌,如果人民币跟着欧日贬值,那就更加对美元贬值。而目前人民币贬值最大的风险是资金流出,因为此前资金流入是因为盯住美元升值而来的,如果现在不盯住美元了,那这些资金自然就要流出,这是否是内部经济所能承受的,这才是问题的根本。

所以,所谓人民币汇率的改革,此次才是真正意义上的大胆改革,又是一次关键性飞跃,而恰恰在中国经济困难重重、下行压力加大的时候。汇率的波动、资金的流出,是否会伤及房地产和股市等资产价格,这些是否能承受,这一方面要从理论上明确,更重要的还是要通过实践去检验。比如资金大幅流出之后,央行必然要连续降准,释放货币,这是否会引发新一轮的通胀,人民币的贬值是否会引发进口商品的价格上涨?这是此次改革最重要的关切点。

从更为宽阔的视角来说,人民币作为新兴市场货币,跟着美元走了一程,现在长大了,要独立了,是否能走得稳,事实上还得看未来经济的发展、新的经济增长点的获得,这还是一个相对长期的过程。

这是惊险一跃。

资本管制:收放之间

资本管制对于中国而言,已经形同鸡肋,食之无味,弃之可惜,但又是未来唯一的选择。

| 货币风暴

　　按照市场经济的基本原则，资金等生产要素必须自由流动，价格在平等主体的连续交易中被发现，从而将资源配置到最有效率的地方，以使市场主体获得相应的回报，最终从总体上形成经济的增长。

　　但在中国，资金不论价格还是流动都是受政府管制的。在市场经济建设初期为了不至于造成一定的市场建设难度和混乱，必要的管制是可以的。但是在市场经济已经实行三十年、经济总量已经达到国际第二的背景下，资本仍然在政府的死死控制之中，不仅难以被认定为市场经济，而且已经严重掣肘市场经济的运转效率。这是必须破除的对经济发展形成的体制性障碍之一。

　　其中利率、汇率和资本项目的管制，三位一体形成对资金流动和价格的管制，在中国当下，要破除对资金的管制，盘活存量，必须首先从破除资本管制着手，因为资本管制弊端最为明显，障碍也最小，这仅仅是高层下决心的问题。

　　有些学者还把资本管制视作防止境外热钱冲击的"万里长城"，只要看看当年上半年外贸数据有多离谱就可以了。当年3月内地对香港出口增长了92.9%；前4个月内地对香港进出口总值增长66%，达到1505.9亿美元，深圳和香港两地之间的贸易总值增长130%；深圳的福田保税区对香港的进出口当年一季度增长了600%。

　　而当外汇局出台"20号"文，政府加大了对虚假贸易的打击力度后，内地对香港的进出口数据大幅下滑，继5月内地对香港的出口增速下滑至7.7%后，6月更是负的7.0%，相当于拉低整体出口约2.3个百分点，可见在现有资本管制框架下，资进出香港是多么自由。

其实即使如"20号文"这样运动式的监管，也只是在特殊政策下的短期行为，不可能常态化。虚假贸易无孔不入、无时不有，监管部门疲于应付，行政成本过高，破坏了商贸环境，影响了政府信誉，让诚信贸易者遭受损失，这是行政管制在贸易领域所产生的必然后果。

以上其实还只是跨境资本项目掩藏在经常项目下出现的资本管制的无效，而由地下钱庄引起的资本管制无效、内保外贷和外保内贷引发的失效就更加严重了，此前媒体有连篇累牍的报道，在此笔者不再赘述。从目前而言，资本管制基本已经失效，对于这点实际管制者央行也承认，他们说，近年来，中国资本管制的效率不断下降。2006年净误差和遗漏项为流出6亿美元，2007年转为流入116亿美元，2010年流出提高到597亿美元，占当年储备资产变化的12.7%，不排除部分资金可能绕过资本管制，流出境外。

央行分析主要原因在于，一是规避管制的金融工具增多，如贸易品和服务价格转移，境外设立公司对倒，境内外货币互换，全球第三方支付网络，在境外买卖国内资产等金融工具创新；二是国际收支统计方法滞后、统计力量不足，难以对个人跨境金融资产买卖进行全面统计；三是境内外资金联动加强。

到今天依然有相当数量的学者认为资本管制目前还不能取消，最有说服力的理由是，美联储量化宽松政策退出时间越来越近，此前由于人民币汇率压得过低，大量资金进入内地套利，尤其是最近几年成熟市场经济国家实施大量宽松的货币政策，利率过低，与国内利率形成较大利差，导致大量热钱流入境内，在国内形成资产泡沫。而一旦美联储量化宽松退出，加上国内宏观经济疲弱，随着我国资本项目洞开，可能引起这些热钱大规模离境，导致国内资产泡沫破灭，对整个宏观经济产生影响。

笔者其实一直是认同这个观点的，也深切地认识到国内资产价格泡沫之严重，热钱进入国内数额之巨大，并可能在其预期一致时，对国内经济产生巨大影响，但是，这也不足以终止资本项目开放的步伐。从操作上来讲，这个问题很好解决，央行一旦意识到有大规模资金流出，就会立即启动临时管制。按照IMF的相关规则，主权国家完全可以实施临时性管制措施。

另一个比较重要的问题是，目前国内在利率和汇率变动上缺乏弹性，在利率和汇率管制时，资本来去自由，却又要保持货币政策自主，违反了"蒙代尔三角定律"。这个理由，初听起来有些道理，但犯了书生气，书生气的可怕是讲起来头头是道，在实践中往往荒谬之极。

其实资本项目开放是一个长期的过程，不是一夜之间一蹴而就的。其有许多政策组合，并有先后步骤，最快至少都要十多年才能完成。在这个过程中，完全可以实施利率和汇率市场化改革。

按照央行在上一年报告中设计的步骤，是分三步走，十年内完成。

第一步是一到三年内放松有真实交易背景的直接投资管制，鼓励企业"走出去"。直接投资本身较为稳定，受经济波动的影响较小。实证表明，放松直接投资管制的风险最小。这有利于缓解目前过剩的产能，过剩的产能对对外直接投资提出了要求，雄厚的外汇储备为对外直接投资提供了充足的外汇资金，西方金融机构和企业的收缩为中国投资腾出了空间。

第二步是三到五年内放松有真实贸易背景的商业信贷管制，助推人民币国际化。商业信贷管制的放松有一个重要的前提就是同时刺激市场做出人民币汇率和利率市场化的重大改革，目前相较于资本项目管制，利率和汇率的市场阻力更大，尤其是利率市场化。在管制利率之下，商业银行是既得利益者，并且在中国商业银行又是一级行政部门，其领导级别不低，对高层决策影响很大，一直是利率市场化的主要障碍；但是一旦实行商业信贷放松，信贷可以跨境操作，利率不能市场化，这几乎很难实现。

而汇率市场化的主要障碍是商务部门，他们认为汇率市场化后，人民币大幅升值，可能影响其完成出口任务，对外贸企业压力很大。事实上，多年来人民币缓慢升值，外贸企业该死的还是死了，也没保住，一旦跨境信贷放开，汇率也必须市场化定价，不然贷款定价很难操作。

第三步是五到十年内加强金融市场建设，先开放流入后开放流出，依次审慎开放不动产、股票及债券交易，逐步以价格型管理替代数量型管制。这个过程如果还是有风险，其实可以再拉长，比如十五年或者二十年等，重要的是建立深度和效率足够的金融市场。

人民币贬值空间多大？

对一个国家而言，货币向来都是中性的，不会因为是人民币，

| 货币风暴

它就会保护你；不会因为是美元，它就会伤害你，它们只是同时存在于这个世界价值体系的不同衡量尺度而已。

人民币从 2015 年 11 月初确认要加入 SDR 后，开始贬值，其间外汇储备再次大幅下跌，央行又宣布脱钩美元，挂钩"一篮子"货币。那时候，事实上人民币贬值大概率才刚刚开始，随着美联储 12 月宣布加息后，人民币还会继续贬值。这是由于既然人民币脱钩了美元，美元必然要上涨，人民币挂钩了"一篮子"货币，而其他货币都要相对美元下跌，人民币必然下跌。

其实对于中国政府而言，人民币下跌已经是既成事实，也是最近几年早应该预测到的，现在的最核心问题是如何应对。

一个国家本币下跌后，简单来讲，一般会采取两种措施，一个是紧缩，另一个是扩张。

紧缩的目的是去杠杆、压缩经济的水分，归还债务，货币收缩，以使经济体内的利率上升，从而抬高人民币的币值，如有些国家曾经实行提高存款准备金率或者提高利率的方式来稳定资金预期，吸引或者滞留资金不流出，以此稳定币值。经济内部凤凰涅槃，从而萌发出新的经济增长点，经济再次重生。

这个方式的最大的缺点是，紧缩的货币环境和财政环境可能会使经济窒息而死。如果经济在紧缩和去杠杆中不能再生或者新生，就会进一步恶化，资金进一步流出，本币汇率进一步贬值，进入恶性循环。另外，这种方式风险很大，需要政府的控制力非常强大。

另一个应对举措是扩张，如财政上扩张，财政赤字扩大，并且进行货币进一步放松，如进一步降息和进一步降低存款准备金率。

例如，自 2015 年以来，尽管有人民币贬值的预期，央行还是采取了极度宽松的货币政策，已经数次降低利率和存款准备金率，但是政府在财政赤字上几乎是寸步未动。尽管一直在加大财政刺激力度，但是由于经济下滑，税收增长缓慢，存在严重的收入和支出不对等，财政方面的刺激力度一直不够，如对中小企业的减税政策迟迟未动，再如财政赤字率基本是紧紧守住了。

不过随着经济的进一步下滑，决策层意见开始出现分歧。例如，在 2015 年 11 月的一次论坛上财政部副部长朱光耀就提出，3% 的赤字率红线和 60% 的负债率红线，是不是一个绝对科学的标准？是否可以调整？这些观念的僵化并不利于改革，要在实践中调整，形成有指导意义的经济学理论。

2015 年中国赤字率为 2.3%，而 2014 年底中国负债率低于 40%。而 3% 赤字率红线和 60% 的负债率红线来源于 1991 年签订的《欧洲联盟条约》，这一条约根据欧元区稳定和增长协议，确定了区内各国都必须将赤字率（财政赤字与 GDP 的比率）控制在 3% 以下，并且把降低财政赤字作为目标。同时，各成员国必须将债务率（年末债务余额与当年 GDP 的比率）的占比保持在 60% 以下。以上数据其实没有算上地方政府的债务，如果算上地方政府债务，数据非常可观，而由于中国的体制，以及 2015 年进行债务置换的处置方式，地方政府的债务最终还是要由中央政府来背负。

我们先不论目前国际通行的财政赤字率和负债率红线是否科学，但是有一点是必须强调的，财政一定要有纪律。纪律是什么？就是定下的规则一定要坚守，哪怕付出代价。因为你如果不守纪律，就可能付出更大的代价，或者满盘皆输。

在人民币进入贬值通道的情况下，财政纪律尤为重要。试想，在目前赤字率如此小的情况下，人民币还存在持续贬值的压力，如果你还要将赤字率提高，并且把负债率红线提高，那结果是不言自明的。

一般而言，当一个国家的本币进入贬值，且外债本身就很重、自身的经济处于困境，财政收入入不敷出时，大多都选择了宽松政策，尤其是在财政方面的宽松。因为政府没钱还债，进口能力变差，有些国家还伴随严重的通货膨胀，怎么办呢？肯定是印钞票或者借债、扩大财政赤字，这种做法非常方便，看起来成本最低，但本质上往往是饮鸩止渴。因为这必将导致本币汇率的进一步下滑，进口能力的进一步减弱，偿债能力的疲软以及可能引起的通胀的恶化。这是一条不归路。

有些国家或者经济体实行本币贬值，但是没有出现通胀或者经济进一步恶化，比如日本和欧盟，欧盟已经采用QE政策已经好几年，通胀没有起来，但是它坚守了赤字率。而日本在2010年实行"安倍经济学"以前，其赤字率是6.6%，经过3年的"安倍经济学"的提振，据估算日本的财政赤字率到了2015年应该减半到3.3%。

世界上几乎所有的货币发生危机，基本原因都是财政无纪律，政府大肆举债，或者滥发钞票。而且这也是当一个国家的本币发生贬值时，大多数政府的应对办法，但是这往往带来更加严重的通胀和进一步的本币贬值压力。

印钞票本质上是政府对居民的征税，而财政赤字率则是向国民借债。印钞票的好处是成本由居民承受，不用归还，但结果一定是通胀；而扩大赤字率则是政府必须到期归还，归还不了只有借新债还旧债，最终还是不得不印钞票。

最终回到我们的现实问题上，在人民币贬值预期加重、经济下行压力加大的时候，我们是否坚守赤字率和债务率红线，这是一个非常重要的课题。

年末人民币贬值压力陡增

如果不进行内部经济的彻底改革，试图通过抛售外汇储备的方式来稳定汇率，老家有一句话是形容这种做法的："麻秆打驴：麻秆都打折了，驴还没感觉到疼，它跑得更慢了。"

亚洲金融危机和其他发展中国家的货币危机起初都是用抛售外汇储备的方式来稳定汇率。因为这种方式表面上看似乎只是花掉了外汇储备，外汇储备如果多余的话，不急用，就没什么用处，但是一旦遇到大的风险，外汇储备却是钢铁长城。

如果搞内部改革就很难实现了，属于既得利益的调整，在民主国家往往很难推行，所以都是抛售外汇储备。但是汇率最终决定于经济基本面，如果内部基本面不改变，汇率将加剧下跌，抛售外汇储备只是吃了麻药。当外汇储备抛光了，没办法了，只得放开汇率，最后汇率一泻千里。

到了这个时候，一般才会痛定思痛，进行彻底的改革，亚洲金融危机就是如此。人性使然，不见棺材不落泪。

2015年12月20日北京时间13：40分左右，离岸人民币兑美元（CNH）继续扩大跌幅，跌破6.60关口，创近5年新低。

| 货币风暴

三天累计下跌逾500点，或创12月10日以来最大三日跌幅。而在岸人民币兑美元早盘跌破6.49，最低至6.4932，随后有所反弹。两岸价差也扩大到1000点。这个价差不得了，不仅仅给热钱提供了套利的空间，而且是由离岸市场拉低汇率的一个工具，因此这个价差是央行的眼中钉、肉中刺，必欲除之而后快。

所以当天下午，离岸市场汇率出现大反转，从北京时间16：25左右，离岸人民币兑美元跌幅迅速缩窄，从最低6.6100升至6.5700，短短40分钟内升值超过300点。

人民币在年末之所以下跌压力陡然加大，一方面是经济基本面的持续恶化，另一个方面是央行将明显在下一年加大资金进出境，这次是来真格的，不仅仅制度上要健全，更重要的是新技术的运用，如新系统的上线、对贸易背景的强调、对现金使用的限制。更有外媒报道，中国央行暂停个别外资行跨境及其参加行的境内外汇业务，被暂停的外汇业务包括现货远期交易等措施是央行稳定人民币汇率努力的一部分。

笔者的观点是，现在人民币高估，下跌压力大，就好好释放，趁着现在基本面还好，不会出现断崖式下跌，在释放贬值压力的同时，加大内部经济调整，以改革的时间赢得汇率的空间，这是未来唯一的选择。

高层态度或已转变

2016年开年，人民币汇率下跌势如破竹，2016年1月6日离岸市场人民币最低达6.73，在岸市场人民币最低达6.57。

然而连续三天的贬值，以及央行给出的超过一百点的中间价，还是让人们看到了货币当局试图突破此前在人民币汇率上表面上稳定的形象，似乎是在试试人民币下跌到底会对市场产生什么影响，有些人甚至说这简直是破罐子破摔。

2015年8月11日央行开启此次贬值的序幕，三天贬值后，便立即刹车，央行高管表明态度，人民币将适度升值，此后市场维持一个平衡震荡，然后年末开始再次下跌，从最高的6.1到目前的6.57，贬值幅度已经比较可观。

高层的表态是，当前人民币汇率不存在持续贬值的基础，能够保持在合理均衡水平上的基本稳定。

目前已经有人预测2016年人民币可能贬值15%，在笔者看来即使10%的贬值幅度，都可能形成资本"踩踏式"出逃的情景。对A股的打击不用多讲，最关键的可能还是房地产。

事实上，A股由于2015年6月的股灾，风险已经释放完毕，万亿元的成本代价由财政资金埋单，本币下跌，只能是进一步拉低资金估值中枢。

一旦本币贬值对资产价格的影响传导到房地产市场，情况就非常复杂了，最关键的是房地产市场的流动性太差，过往房地产泡沫的毁灭性破裂对经济的打击有目共睹。

笔者猜测，供给侧改革可能是高层改变对人民币汇率态度的关键，供给侧改革说白了就是政府不扛了，淘汰过剩产能、去杠杆、去债务。那么汇率如果过于刚性是最大的刚性兑付，扭曲价格信号不说，可能进一步松懈企业的风险管控能力。

具体讲，开年就如此凌厉地贬值，其目的显然是通过市场逐步缓释汇率风险，而这个时候，由于中国外债占比不高，汇率下跌并不构成债务冲击，则可以大胆贬值。而央行所试探的是，是否汇率贬值构成资金"踩踏式"出逃，从而对流动性构成威胁，最后演化为信用风险，由此传导到房地产的债务风险的放大。高层可能试图通过最近几日的大幅贬值，在测试这个底线，而把外汇储备节省下来，等到更加关键的时候用。

再加上亚投行、丝路基金以及非洲开发、"一带一路"等都还等着外汇用呢，至少在高层的心目中，外汇储备这些子弹不能打到维护人民币稳定这样的"小事"上。

汇股负螺旋的逻辑

2015年1月7日央行公布人民币兑美元汇率中间价为6.5646，贬值332点，下调幅度为2014年8月13日以来最大。算上2015年1月6日贬值145点，两日共下跌477点。在9：15中间价公布后，离岸人民币瞬间贬值超过600点，从6.6950附近暴跌至6.7585。

这个贬值幅度惊煞A股市场，A股短短半小时两度熔断，然后提前收市，创了世界资本市场之最。这是央行放手不管的节奏，资金出逃或者资金预期出逃就更加恐慌，那么A股估值的中枢必然下移，整个资产价格要进行重估，这是目前投资者由于人民币汇率贬值的普遍心理预期。

人民币贬值是在释放压力，不是当局愿意贬值，是长期积累的结果，实在是没有别的办法。如果现在一味硬撑汇率，不仅未来更麻烦，而且要付出极大代价，外汇储备可能就不够用。

有论者认为人民币贬值或许没有那么可怕，原因在于贬值可能是企业进行外汇去杠杆或者杠杆置换，减少美元负债或者替换为人民币负债，这个可能性有，但是很小。人民币最近几年大幅升值，有两个原因，一是廉价劳动力创造的廉价商品，换得美元进入；二是热钱套利进入。这两个不能不说量都很大，热钱套利必然会短期撤离，前者廉价劳动力换得的美元资产，置换成人民币后，都在南方出口小老板那里，或者通过购买房产进入了房地产老板的口袋。还有一部分是政府的卖地收入，这部分基本已经挥霍完毕。

所以说中国是高储蓄国家，这种说法没看到这些高储蓄的脆弱性。储蓄主要的构成还是美元资产，现在人民币趋势性下跌，以上资金将如何选择方向，不言自明。

资金出逃，股市最敏感，加上熔断机制，将这些负面情绪进一步加强，这就是从汇率到股市的负螺旋。

央行已经进入非常逼仄的空间，可能会选择放手一搏，让市场自身决定汇率，看看结果会怎样，不在万不得已时，绝不出手，以节省子弹。

这相当于两军对垒，敌人正在向我阵地冲锋，在没接近射程时，就静静等待，直到敌人已经进入射程之内才开火。当然这要看那时候开火还来不来得及，因为尽管敌人已经在射程之内，可以节省弹药，但是敌人的距离却更近了。

笔者估计央行今后会让人民币走稳，他们扛得住市场的压力，但扛不住舆论的压力。

此次人民币贬值又是央行主动的？

有些市场人士喜欢猜测监管者的心理，从被动和主动中寻

货币风暴

找市场行情方向,如此次从 2015 年 12 月下旬到 2016 年 1 月初人民币凌厉贬值,就被解读为央行有意为之。其论据有两个,一个是央行给的每日中间价跌幅超越预期,几天大跌每日中间价跌幅超过百点,甚至还有一天下跌 300 点以上的跌幅,这显然是央行有意为之,是故意在市场上形成贬值预期;另一个是年初以来的在岸和离岸人民币价差超过一千点,央行也是坐视不管。

不过我们看到央行此前公布的数据,2015 年 12 月我国外汇储备余额为 3.3303 万亿美元,较上月下降 1079 亿美元,创下历史上外汇储备的单月最大降幅,如果算上通过外汇顺差进入的外汇储备,那么流出的外汇储备肯定不止这些。

而 2015 年全年,我国的外汇储备减少了 5127 亿美元,这是 1992 年以来首次出现年度缩水,从而为持续二十多年的上升期画上了句号。

如果按照这样的年度降幅,3.3 万亿美元的外汇储备四五年就能消耗完毕,如果央行为了维护人民币升值,把所有外汇储备都消耗在维持人民币汇率稳定上,显然央行是不会愿意的。

就在 2015 年 12 月外汇储备大降超 1000 美元的同时,12 月人民币超预期大跌,离岸和在岸分别暴跌了 1441 点和 955 点,并且两者汇差扩大到 751 点。大家都知道在岸和离岸之间汇差扩大,是导致人民币贬值预期升温的一个诱因。一般而言,央行必须通过拉离岸人民币,把这个价差补齐,12 月央行就有好几次这样做,这就是外汇储备大降的原因。

所以我们看到 2015 年元旦过后,1 月 4 日第一天人民币开盘即大跌,当日跌幅超过 0.6%,连带此后几天的大跌,尤以离岸市场跌幅更甚。

如果说央行是主动让人民币贬值,12月就不会有那么多外汇储备的下降;而反过来,即使有一千多亿元外汇储备的消耗,12月人民币也还是下跌了1000点左右,这就是说整个市场对人民币下跌的预期是非常强烈的,是央行也挡不住的。如果央行不用外汇储备去阻挡,可能12月的跌幅就不会如此之大。

有人认为人民币币值就是央行任它贬,没有问央行为什么要它贬?贬值对央行又有什么好处?有没有客观因素逼迫央行去贬,央行贬值人民币到底是主动还是被动?

人民币贬值只有一个原因,就是太贵。如果央行还死扛着,就是最大的刚性兑付,未来风险集中爆发,后果会更加难以收拾。

人民币鏖战香江:正规军对阵游击队

央行事实上是腹背受敌,前面笔者分析,央行可能采取阵地战,等敌人临近了,才开始射击,这样能够高效地利用外汇储备,战果也比较好。

但是无奈汇率市场是一个非常复杂、非常专业的领域,真正懂的人不多,尤其是政府官员们,由于人民币汇率贬值引发A股狂泻,舆论压力太大。

而且连续的猛烈贬值,已经在市场上形成贬值预期,南方发达城市的银行已经是排长龙换汇,这是不得了的。央行不得不提早出手,将2016年1月11日香港离岸市场上隔夜拆借利率提高到66.8%,这是央行命令国有大行在离岸市场抛美元收人

| 货币风暴

民币，然后导致人民币稀缺，从而让人民币的空头爆仓。央行直接干预离岸人民币兑美元即期连续3日上演大反攻，2016年1月13日早盘一度涨至6.5601的两周高点，较2016年1月7日创出的历史新低反弹近2000点，在岸即期利差从此前逾千点迅速收敛并一度倒挂。流动性紧张则已从"揪心"转为略有舒缓，离岸人民币隔夜掉期隐含利率从2016年1月12日纪录高位82%一路下滑至5.935%。因此有人说，这是央行在收拾国际逃离热钱空头，一副得意扬扬的样子。

事实上，这时候，只有央行心里明白，为这次战役，央行付出的成本有多大。整个12月，央行基本没有在离岸市场有这么大的动作，消耗的外汇储备达1000亿美元，1月这么大动作，又该消耗多少外汇储备呢？

再说，为了人民币汇率的稳定，通过抽干人民币流动性，在香港造成了人民币流动性不稳定的印象，人民币离岸中心，人民币国际化，事实上遇到了前所未有的挫折。

这种政府在市场上大幅干预形成的破坏性影响，是不是得不偿失？如对于人民币而言，未来的贬值是不可避免的，贬值压力很大，央行将会隔几个月就释放一次压力。这时候，市场预期到央行仍然会拉升人民币，利率将会抬升，因此会早早在香港囤积人民币，以套取贬值那几天的收益率，而人民币要在香港进行实体经济的交易将会受到极大阻碍，因为没有一个机构会以这样不稳定的汇率作为合同交割的货币。

央行陷入的困境是，未来可能会有无数次类似的战役，做空者在暗处，央行在明处。央行好像一头大象，它的确可以决定市场的短期走势，但是长期还是经济的基本面在起作用，投资者对于整个中国的经济政治文化的重估,不是央行能主导的。

　　做空者就像盘旋在这头大象头上的无数苍鹰,当大象力量强盛时,它们就悠然地盘旋在它的周围,"不离不弃";当大象打盹或者累了睡着了,它们就会突然飞下去啄一口。大象醒来也许能够教训一下这些苍鹰,但是毕竟苍鹰太多,大象奈何不了它们什么,就这样一天天被啄,一直消耗下去。

　　中国人民币目前的状况,2005年采用了缓慢爬行的策略就已经注定了,只不过央行高明一些,让这个被动的战略输得体面一点而已。

第八章
死守汇率还是保护外汇储备

汇率调控的术与道

央行手里的工具很多,这是境内媒体对人民币汇率市场最近的说法,似乎就如同法海水漫金山,把白娘子镇在塔下的悲情故事,中国传统思维让这个和尚法力无边、冷酷正义。

央行在 2016 年初人民币大跌中,在离岸市场大战做空者,骤然收紧离岸人民币的流动性,打爆空头。连续两天,离岸人民币大涨近千点,曾一度被拉大至 2000 点的在岸、离岸汇差缩小至百点上下甚至倒挂。

接着再出手一个工具,央行(PBOC)将自 2016 年 1 月 25 日起对境外人民币业务参加行存放境内代理行的人民币存款执行正常存款准备金率,即境内代理行执行现行法定存款准备金率,以防范金融风险,促进金融机构稳健经营。总体来看,这个政策主要还是针对利用离岸和在岸市场的汇差进行套利的资金。

有人估算,境外人民币业务参加行存放在境内的人民币存

| 货币风暴

款估算有 1.3 万亿元，若按 20% 征收存款准备金，则会有两千多亿元的征收，这点资金对于稳定人民币汇率能起多大作用？有人甚至说是央行"绝杀"和"屠杀"，不过这个说法有些虚张声势。

　　人民币汇率的管控，也有道术之别。汇率的管控要有长远战略，不能"头痛医头，脚痛医脚"。如果央行被套利资金牵着鼻子走，就会出现"顾头不顾尾"的情况，如最近在离岸市场收紧人民币流动性的行为，两个市场的汇差是收窄了，但是付出的代价却是股市 800 点的大跌和离岸市场人民币债券的灾难性下跌，人民币国际化遭遇挫折。央行貌似无所不能，但总是不能回避阿喀琉斯之踵，而套利资金仅仅盯着漏洞就可以了。

　　人民币汇率的问题首先是锚的问题，现在既然锚已经是"一篮子"货币了，央行就要带头遵守，说明你认为人民币的价值是跟"一篮子"货币相应的，就不能仅仅盯着美元。当然你可以管理，但是管理的前提就是这个道。

　　有人说人民币汇率下跌"荒谬可笑"，这种说法就很荒谬可笑。如果不是贬值，为啥要换锚；换了锚，如何能不贬值？要知道人民币此前可是盯着美元的。

中美联手

　　2016 年 1 月 18 日，中央财经领导小组办公室主任刘鹤和美国财长雅克布·卢通电话，据媒体报道，刘鹤和雅克布·卢讨论了中国在汇率市场化转型过程中向市场明确传达自身政策及行动的重要性。

第八章 死守汇率还是保护外汇储备

以上信息，有以下几个看点：首先通话的人不是货币当局的主管，不是央行行长周小川和美联储主席耶伦。尽管在中央财经领导小组办公室对货币政策的解读有一定的权威性，但是美国财政部却不能对汇率有任何权威，美联储至少从法律上是独立于政府的。尽管金融危机后，其独立性有所降低，但是财长对美联储的影响是很小的。

那么这两个人物对话，可能体现了以下几个可能，第一是不由货币当局直接对话，可能更有回旋的余地，体现了两国政府的信心，而不是货币当局的信心；政府维稳，货币当局去操作，这个思路是对的。第二是两国政府的对话，很有可能并非中国单边说要对话，要稳定汇率，很有可能是美国对人民币贬值预期怀有戒心；美国人到如今的观点仍然是人民币不够市场化，此次贬值损害他们的利益，不利于国际经济的稳定，这次通话很有可能是中国政府在做解释，表示进一步市场化改革的决心。

其次人民币汇率近期的贬值预期，的确对金融市场和国际市场产生了重大影响，人民币汇率进一步的走势引发全球关注，也引发了美国当局的关注。中美政府之间的通话，明显是给市场提供中美两强联手的信号，这是人民币汇率稳定的最强大因素。2016年初人民币大贬值后，上证综指累计下跌18.3%，沪深300四次熔断、深跌16.4%。美股出现四年多来最大双周跌幅，标普500指数和纳斯达克分别下跌8.1%和10.4%，恒生指数跌10.9%。大宗商品在底部续跌，而且跌幅继续扩大，布油下跌22.6%，跌破30美元/桶。而对港元造成的影响更是让人担忧，港元出现急贬，1月14日和15日两日跌幅为1992年来最高。如此大的市场波动，非常类似于历次国际金融危机前期的征兆，作为全球第二大经济体的货币，人民币值的稳定非常重要。

| 货币风暴

最后由此人民币可能再次走上死扛的阶段，笔者曾经预计过 2015 年 8 月 11 日大幅贬值之后，央行采取的策略将是阶梯式贬值，不过没想到此次贬值会这么快，中间只隔了 4 个月多。笔者不能预计央行是否已经改变了这个汇率战略，但是此次贬值至少阶段性结束，人民币仍将会维持在目前的水平小幅波动，等待下一次大贬。

按照目前金融分析师的观点，央行目前就应该死扛人民币不动，维持稳定，尤其是维护一个稳定的预期，但其付出的成本是需要有大量的外汇储备。

需要考虑未来面对的问题是，可能央行通过消耗外汇储备已经维护了一个稳定的汇率。但是整个经济形势在变，中美利差在收窄，美联储加息将一步跟进一步，中国经济基本面仍然在下跌，资金在外流，央行也许能维持短期的预期，但是长期呢，中期呢，何时中国经济才能实现真正复苏？中国的外汇储备能维持到那天吗？人民币国际化从此是否功亏一篑？离岸人民币市场还要不要？这些都是持有人民币汇率稳定的人必须认真思考的。

央行货币宽松受制于人民币汇率

2016 年 1 月中旬央行召开商业银行沟通会，提出在春节期间将提供 6000 亿元的流动性，这个消息一出台就被媒体立刻理解为替代降准。央行研究局首席经济学家马骏在接受媒体采访时说："央行提供 6000 亿元以上的中期流动性，有替代降准作用的含义。"央行为什么总是不降准，降准为什么这么难？马

第八章 死守汇率还是保护外汇储备

骏说出了央行久久未说的真心话:"如果过度采用降准的措施,可能导致对短期利率过大的下行压力,不利于稳定资本流动和汇率。"

央行不是万能的,不是说想发流动性就能发的,而国内的机构则总是认为,流动性一紧张,央行必然要降准,因此在市场上拼命加杠杆,风险控制被抛之脑后。如果央行不降准就认为是央行故意与市场对着干,似乎流动性紧张后发生风险事件都是央行没有管理好流动性,这样的观念可以说深入人心。

2013年6月的那波钱荒产生的原因之一就是因为央行没有"适时"降准或者在公开市场进行逆回购,导致部分银行违约,从而出现隔夜拆借利率飙升,流动性吃紧的事件。此次也是,在外汇占款大幅流出,而春节前居民和企业大量提出现金的情况下,市场上的基础货币大大收缩,从而导致了货币的加倍紧缩,因此最近几天又出现隔夜拆借利率的大幅上调。

为什么市场对央行的 SLO 或者 LMF 均不买账,原因是这些工具无论放了多少水,到期银行都要还给央行资金,但是降准不一样,放水之后不用还,商业银行可以直接放大货币投放。

现在的市场已经不同于2013年,2013年钱荒发生后,央行还是启动了各种流动性投放工具,最后平息了钱荒。这次最大的困难在于人民币汇率贬值压力非常大,在这个时候降准,无异于火上浇油。即使是目前实行的各种公开市场操作,事实上也是放水,对人民币汇率有害无益。试想,央行为了稳定人民币汇率,在离岸市场强拉人民币利率,而在在岸市场却让利率下行,这种分裂的操作是多么扭曲。

央行不是万能的,不是想发多少货币就能发多少。一般而言,央行放水受到两个边际的挑战,一个是国内的通货膨胀,目前中国经济通货紧缩，通货膨胀暂时无忧，可以放心放水。但是第二个边际是外部的汇率，人民币汇率目前是最大的边际，利率过分下行，造成中美利差倒挂的局面，则资金流出规模更大，不仅不利于人民币汇率，也不利于港元的汇率，这是必须考虑的。

可以设想有没有这样的情况出现，在钱荒发生时，人民币出现大幅跳水。这时候央行如果放水，人民币汇率贬值更加厉害；不放水，钱荒更加恶化，到那个时候该如何应对？

死守汇率弊大于利

2016年初人民币贬值，引起金融市场动荡，于是许多专家建言献策，最多的还是建议央行死守汇率，不能让人民币贬值，贬值会有诸多风险云云。

做任何事情其实都是权衡，"两害相权取其轻"。对于人民币汇率这样的国之重器，任何一种主张都不会十全十美，唯一的选择是在成本和收益之间，找收益最大而成本最低的那一个。笔者认为，在死守汇率和贬值之间，后者是害处较小、收益较大的一个。笔者就麦格理首席经济学家胡伟俊所发文章《人民币贬值五大弊端》中所持观点进行商榷。

胡伟俊认为，央行应该保持人民币对汇率的稳定，这个观点首先就没有理解或者领会央行目前所持的汇率政策。此前人民币是盯着美元的，早在2015年12月央行就已经宣布盯住"一篮子"货币，并且公布了篮子中主要货币的占比，美元只占24%。也就是说，如果按照市场的普遍预期，美元将持续升值，

第八章 死守汇率还是保护外汇储备

欧元、日元等还将贬值,人民币必然会对美元贬值,央行只要维持人民币对"一篮子"货币稳定即可。这还仅仅只是从央行目前的政策意图来看未来人民币的走势。

接着再说说胡伟俊所谓人民币贬值的五大弊端。

第一,人民币贬值是否将加剧金融市场的动荡,这个观点的确符合2015年8月和11月两轮人民币贬值后国际金融市场的反应。这两轮贬值后,其他大多数新兴市场货币的确是贬值得更加厉害,但是不能因此让人民币就保持在原地不动。人民币贬值后其他新兴市场跟贬,一方面是市场心理原因,人民币作为新兴市场的代表性货币,相当于其他新兴市场货币的一棵大树,它们在大树底下好乘凉,现在这棵大树枝叶没有那么繁茂了,大树不好乘凉了,这是自然。但是这棵大树也不能硬撑,自身的经济将长期有所调整,内部经济结构在调整,劳动力人口减少,投资过度,消费跟不上,外贸增幅下降,这就需要量力而为,不能做无谓的牺牲。而事实上,如果人民币真正市场化波动,经过一段时间后,新兴市场货币将不会集体贬值,因为它们之所以贬值,是部分经济体货币有贬值需求,并非人民币带动。当市场调整到一定程度后,那些经济内部增长潜力强、金融体系稳定的货币必然会浮出水面。它们会各自找到自己应有的位置,不必靠人民币一直去荫庇,因为长期荫庇是不可持续的。而金融市场的持续动荡是不可避免的,迟早都会动荡,只不过是你现在按兵不动,把动荡推向了未来而已。

第二,人民币贬值的成本与收益问题。胡伟俊认为,人民币两次贬值引起股票市场的大幅动荡,万亿市值缩水,而贬值也就6%左右。笔者不否认人民币汇率贬值对股市的联动效应,但是中国A股下跌的原因很复杂,不能全部算在汇率头上。既

| 货币风暴

然人民币相对于实体经济已经相对高估,经济还在下行,人民币贬值必然会带来一定的成本,如股市的下跌,但是在中国经济债务畸高,通缩形势严峻的情况下,人民币贬值带来的是债务负担的减轻、通缩形势的缓解和出口的改善,而这才是中国经济目前最需要的。至于中国 A 股,事实上,其泡沫成分很重,总有破裂的一天,只有经济的地基打稳了,A 股才能健康发展。

第三,人民币贬值是否导致沟通成本上升呢?笔者认为胡文章中错误理解了 IMF 等国际组织的建言,如 IMF 所针对的是人民币汇率不能足够市场化,资本项目开放步伐过慢,直接批评央行政策不透明,与市场沟通能力不足。这样的批评是积极的、建设性的,也是政府的短板,我们正在努力改进,拉加德绝对没有批评人民币贬值。正如笔者前文阐述的,其实央行对人民币汇率的态度已经很明确,脱钩美元,盯住"一篮子"货币,人民币贬值大势确立,有些人士不仔细研究政策,就很难理解政策意图了。

第四,人民币贬值必然要导致资本外流,这是无法避免的。事实上自从 21 世纪中国加入 WTO 后,中国低端制造业便成为世界价值链中的关键一环。"双顺差"持续存在,外汇储备创了人类历史的天量。这种情况不可能长期持续,资金怎么流进来的,还要怎么流出去,这是常规,你不可能让它一直留在中国。而且资金的去留,不仅仅看汇率,更看重的是长期的投资收益,那些长期资金如果看好未来中国的经济前景,它们还会留在中国,而短期资金本来就是来套利的,早晚要走,是留不住的。只不过在资本流出的过程中,如何保持一个安全的节奏,不致使经济出现大幅动荡,这是央行的责任。

第五,人民币贬值是强化了国内政策的独立性,而不是弱化了独立性。近期央行的确因为担心利率过低会对汇率产生影响,而导致宽松政策有所收敛。这其实正是近期舆论对人民币贬值的压力过大，导致央行又阶段性改变初衷。这恰恰是死守汇率导致了央行政策的过于僵硬。按照"蒙代尔不可能三角"定理，正是资本自由流动，汇率浮动与货币政策的独立性并行不悖，而不是相反。

胡文章中的这部分论证，有着明显的逻辑漏洞，央行如果下决心要人民币贬值，就不会担心货币宽松，就不会在降准政策上缩手缩脚；而是担心这些宽松政策实行之后，会进一步加剧人民币贬值的压力，不能死守汇率。这正是近期舆论压力所致。

笔者认为，人民币汇率到底是贬值还是升值，其出发点是国内经济的稳定和未来，不是着眼于短期的稳定。如果人民币目前死守，赢得了短期的稳定，但是经济的调整还没有结束，或者还会延续较长时间，那就是将市场震荡推向了未来，而错过了目前喘息的最佳时机。

依赖预期？

自"8·11"人民币汇率大幅贬值以来，尤其是2016年初人民币汇率的大跌，市场对于人民币汇率贬值的预期更加紧迫，尤其是香港离岸市场由于不受央行控制，贬值幅度更加严重。一些机构利用市场上人民币贬值的预期，开始做空人民币，导致离岸市场大跌，而在岸市场由于受央行控制，则较为平稳。两个市场之间形成两个汇率，让市场无所适从，类似于资本管制国家的黑市和正规市场，不利于人民币的国际化，也影响整个人民币市场的声誉。

更由于人民币汇率大幅贬值,可能形成国际资金的大规模"踩踏式"流出,对国内的通胀和资产价格形成很大的风险。于是,许多专家提出央行打破人民币汇率贬值的预期。从他们的观点整体来看,就是央行再不能贬值,而应死守目前的汇率水平。因为,如果央行还贬值人民币,将会再次让市场猜测央行将主动贬值人民币,从而进一步加强贬值的预期,形成"羊群"效应。

这种观点初步看是有道理的,但是观察人民币汇率最近几年的历史,这种建议就只是美好的愿望,很难实现。因为这种美好的愿望,央行也有,而且一直都在实施,只是央行也不是万能的,它也不能跟整个市场对抗。

这就像一个人面对一群狼,一群狼在疯狂追他,他可以采取各种手段,转移狼群的注意力,甚至改变狼群追赶他的方向;但是只要他还存在,狼群的目标就总是他,他转身一跑,狼群就会继续追上,这个游戏并不好玩。

事实上,从2012年出现外汇占款增速减少,甚至负增长开始,人民币汇率就已经出现到了拐点的迹象。那时候就已经开始了个别时段的人民币贬值,但是央行都采取中间价的方式,将这种贬值给化解了。也就是说,央行的汇率预期引导已经很久了,已经很累了。

从实体层面看,主要是外贸顺差的持续下滑,更重要的是国内宏观经济出现明显的下行迹象,一些敏感的资金已经开始流出。从2013年开始,美元升值,而国内的顺差开始攀升,资金流入又增多,这时候央行乐见人民币升值,这是为人民币国际化铺路。然而现在看来,这一段人民币的升值是背离宏观经济的基本面的,人民币币值正是在这一段时间没有跟随国内经

第八章 死守汇率还是保护外汇储备

济下行、相应进行贬值，从而出现了明显的高估。

2014年后半年人民币贬值在市场上反映强烈，尤其是外汇占款负增长，外汇储备也开始减少，尤其是那年3月的人民币大贬，最后央行还是扛住了，采取的仍然是中间价的方式。这时候央行的目的仍然是预期管理，就是不能形成人民币贬值的一致预期，从而加紧推进人民币国际化。好几个离岸人民币市场建立，央行也与几十个国家的央行进行了货币互换，其目的就是2015年冲刺SDR，为人民币国际化创造条件。

2015年全年，央行都是扛着的，而市场对于人民币贬值的预期其实已经越来越浓，这从外汇占款的大幅减少以及外汇储备的减少中就能看出来，不用太多说明。但是央行还是在美元升值的压力下，让人民币升值，导致央行每日发布的中间价和上日人民币收盘价悬殊，上日收盘价远远低于次日中间价。这说明央行发布的中间价并非市场机构认可的汇率，市场预期是贬值的，但是央行却是要让人民币升值，这当然是人民币加入SDR的一大障碍。为了加入SDR，央行不得不进行8月11日的大幅贬值，其目的是在短暂释放贬值压力后，宣布中间价和上日收盘价并轨，进一步进行人民币市场化改革。直到加入SDR，人民币贬值的预期就变得强烈了。

这时候，最大的困难是，既然你加入SDR，那么人民币必须国际化，央行中间价就不能背离上日收盘价太多，或者就要遵守市场机构的报价。这只是一个方面。而为了维护人民币汇率的稳定，央行事实上已经开始大量在市场上抛售美元，这就是为什么上年7月、8月两月外汇储备大幅减少的原因。

如果现在央行要维持人民币不贬值的预期，唯一能做的就是恢复此前央行控制中间价的做法，并且连续在市场上抛售美元,甚至让人民币有时候大幅升值。这样做的效果是,短期肯定会在金融市场上让跟风资金做多人民币,打消其贬值预期,但是长期的贬值预期不是央行所能打破的。

因为连官方都认为中国宏观经济是 L 型,复苏的迹象至少目前还没有看到。国内经济的问题是显而易见的,地球人都知道,尽管中国是第二大经济体,目前经济增长速度仍然是全球最优者,但是经济体内部的投资收益率,利率的下行趋势等都是确立的,加上美联储还将加息,美元升值趋势未改,中美利差倒挂就在不远的将来,你还让人民币跟美元稳定,如何可能?这些做金融和实体经济的人不用看数据,自己从平时的经营中就能体验到,媒体和官方即使喊破嗓子也改变不了这种现实。

预期是最微妙的,对于央行而言,至多是因势利导,顺势而为,不可能逆势改变市场趋势。更何况央行手里尽管有庞大的外汇储备,但这些宝贵的外汇储备不能仅仅用来维持一个高企的汇率,它还有更为重要的战略用途。

很多专家都忘记了,在金融业中大家最看重的是未来。即使现在的数据看的也是未来的趋势,因为资产价格反映的是未来,不是现在,这就让政府在管理预期方面的空间变得极其狭窄了。

历史经验表明,一个经济体最大的风险不是汇率贬值,而是一个僵死的汇率制度。如果汇率是僵死的,你还想要保持一个独立的货币政策,就必须进行资本管制。

第八章 死守汇率还是保护外汇储备

港元无法预测的命运

货币机制、货币政策一定要跟随经济基本面的变化而变化，而最近十多年来香港内部经济形势、香港经济的外部形势已经发生了翻天覆地的变化。但是香港的货币机制还是抱残守缺，货币机制跟经济结构发生了背离，所以就出现了2015年1月20日下跌达4个百分点，而港元也出现大跌，距离弱方保证仅一步之遥。

目前的港元就像一个小姑娘谈恋爱，她躺在一个人的怀抱里，同时给另一个人送秋波，这样的感情生活必然要遭到挫折。港元从1998年确定联系汇率制，其实就是美元在香港的兑换券，美元在升值，港元必须升值；美元加息，港元也必须加息。

但与此同时，香港的经济却是彻底与内地的经济挂钩的，房地产的泡沫还在膨胀中，最近几年由于内地策略的变化，以及自身政治社会的变动，经济已经进入崩溃边缘。更重要的是香港经济的母体内地经济一再寻底，人民币刚刚开始处于贬值预期中，本来就应该跟着美元加息的港元，现在却不敢加息。如果加息将对香港经济雪上加霜，别的不说，房地产泡沫必然崩溃，经济前景将进一步进入暗淡。

既然港元不跟着美元加息，而香港经济和内地经济一样，那么此前进入香港的资金就会再次出走，而不像内地，香港又是资本项目绝对自由的，香港重演内地股汇双杀局面就是必然的了。

至少从目前看，香港政府的官员表态还要坚持联系汇率制度。因为这是香港经济繁荣的基石,这种观点作为稳定预期,作为外交表态是可以的,但是官员自己一定不能这样想。联系汇率在过去十多年里的确很稳定,为香港的繁荣做了贡献,但这是建立在内地的人民币也实行了盯住美元的政策下,并且其前提是内地十多年的经济景气,香港是跟随经济景气而繁荣的。

但是这样的景象已经一去不复返了,还想维持港元的联系汇率,港元的机制就必须做出重大调整,以适应一个小型开放经济体的发展模式。

人民币想与美元脱钩,港元还想挂着,这种想法只能说太幼稚了。

谁是人民币的空头?

"小强"大家都知道是什么意思,"小强"是打不死的。只要"小强"生存的环境适宜,它们就会如烈火燎原,所以各种灭蟑螂的药都无效,只有在一个全新的楼房里,蟑螂就无处安身了。

2016年1月初,空头在香港离岸市场做空人民币,最近又转移战场到港元市场,将港元打到弱方保证一线。于是央行不得不入市干预,采取的方式是让离岸市场的人民币流动性枯竭,拉高离岸市场的利率,提高空头的做空成本,效果果然很好。离岸人民币连连飙升,在岸和离岸人民币之间的价差进一步收窄,甚至出现了倒挂,人民币一波急贬算是告一段落。

于是专家和媒体无不拍手称快,又是一次货币战的胜利。

第八章 死守汇率还是保护外汇储备

央行在货币市场上兵不血刃，维持了人民币的稳定。这种观念很危险，似乎央行今后的调控就是要这样一次次地发起冲锋，去消灭空头，才是一个很好的管理汇率的方式。

笔者现在想要说的是，人民币空头是不是可以一战击溃，彻底消灭，这样管理货币的战略是不是我们所需要的？央行保卫人民币汇率稳定的目的是什么，为了维护稳定我们付出了什么代价？

首先我们要明白的是，空头是怎么产生的。空头的产生是由于人民币币值过高，他们能够预期到做空能够赚到钱。如果人民币币值适中，或者过低，就不会出现空头。所以说，空头的出现，本身就说明人民币被高估了，有贬值需求，这是空头生长的土壤。

空头做空也是一个投资，要付出真金白银，如做空人民币，手里就要有人民币。如果市场看多人民币，或者市场的走势是人民币升值，他们则要冒着爆仓和亏损的风险。再加上中国的央行现在有人民币的印钞权，人民币的一切至少短期内都是央行说了算，而且还有庞大的外汇储备，则空头事实上是冒了很大风险的。当然如果央行没有干预，在目前的市场上，他们肯定是要赚钱的。

而在目前的形势下，空头之所以还敢做空，则是看到了这个大趋势，更重要的是，看到了央行投鼠忌器。因为按照基本面，人民币贬值是趋势，央行作为最大的庄家去做多人民币做空美元，事实上是与趋势对着干，长期来看必输无疑。

人民币市场的做空者，分为两种。一种是带杠杆的投机者，他们通过做空合约赚钱，如果做反了方向，他们当然会亏损或者爆仓。但是纯粹这样裸卖空的是很少的，他们肯定还有其他

| 货币风暴

套期保值或者期权产品做对冲。如果做反了，让央行打爆仓了，则损失不一定如我们想象的那么大。还有一种是直接拿人民币换美元，资金流出国内的，央行去干预，事实上就是给他们路费，让他们兑换的美元更多一点。这部分人不仅没有损失，还有客观的收益。

那么央行为什么在这样的情势下还要干预呢？大家一定要记住央行干预汇率不是为了汇率，而是保资产价格，保房地产保股市，保整个金融安全，当然此次干预是否真正能起到这个作用，那是另外一回事。其实央行的干预还是一种预期引导，引导人们不要一味地让资金流出国外，不要去做空。

但是在这个过程中，央行付出的代价是外汇储备。这类似于以前的一个传说：以前一个村子的大山里有只怪兽，每年必须送一对童男童女给它吃，不然它就会出来干许多坏事，村子里的人为了避免遭殃，只能每年送它。这里的怪兽就是空头，童男童女就是外汇储备。

然而，中国的外汇储备虽然总量很高，但是流出的量也很多，所以很有限；而外汇储备越少，贬值预期也更高，空头就更加强大。央行在这次冲锋中战胜了空头，空头暂时销声匿迹，但是等到下一次机会来了，新的空头又出现了，央行再冲锋一次，外汇储备一次次消耗得越来越少，空头就更多了。

其实更让央行痛心的是，此次央行在人民币离岸市场的干预，让多年在人民币国际化建设上付出的心血付诸东流。

这个道理跟上次的股灾一样，大家都对空头恨得牙痒痒，恨不得剥其皮、食其肉，有人甚至说这些空头就是境外反动势力，但事实上一旦市场下跌，我们大家就都是空头。而在目前的人民币市场上，谁是空头？想要保值资产的，在国际市场做投资的，都会成为人民币的空头。

现在很多人都给央行献计献策以维持人民币的稳定，如资本管制，事实上央行从2015年以来已经好几次实施资本管制了，但即使如此，"小强"们也不会绝迹。那时候就会形成人民币的黑市，黄牛党就到处都是。当年人民币资本管制时期的黄牛党就重生了，他们也是做空者，也是"小强"。

黑田东彦的私心与人民币的无奈

2016年1月下旬，日本央行行长黑田东彦建议中国实施宽松的货币政策，因为这样有利于中国经济从出口导向型工业经济转向需求驱动的消费型经济，但前提是必须实施资本管制，这样才可以避免人民币过度贬值。

黑田东彦话音未落，2016年1月28日日本央行便推出了负利率政策，当天日本股市大涨，而日元则暴跌。

日本早在安倍晋三从2012年末正式就任日本首相后，便于2013年1月22日宣布引入新的通胀目标和开放式资产购买计划。其中包括两项内容：一是日本央行将通胀目标设定为2%。二是从2014年1月开始，不设置具体终止期限，每个月的资产购买量约在13万亿日元，其中约有2万亿日元用于购买日本政府债券，约有10万亿日元用于购买短期国库券。

这些措施客观上讲对日本的经济具有强大的刺激效果，日元整整从2013年末最高点78跌到2015年中的125，此后日元开始升值到年初的116。日元的贬值以及宽松的货币政策对日本

货币风暴

经济具有强大的支撑作用，日本经济在过去几年出现缓慢复苏迹象。从 2015 年下半年开始，日本经济再次进入疲软，这也是日本再次祭出负利率政策的原因。

日元贬值对日本经济的支撑作用不用细讲，只要看最近两年中国人疯狂赴日抢购旅游就知道了。这三年来日元相对于人民币贬值了 35% 左右，日本东京的酒店根本不够中国人住，这就是货币贬值的厉害。

宽松的货币政策对于本国实体经济的支撑是不言自明的，但是这种政策在开放经济之下，如果资本项目是开放的，则将会加大本币贬值，导致其出口货物价格降低，从而支撑出口。一个国家出口强劲了，就是贸易伙伴国家的顺差减少了，竞争力降低了，所以宽松的货币政策，往往会引发邻国的担忧。

这样我们就可以理解黑田东彦的用意了。很显然他是同意央行实行宽松政策的，但他的前提是央行实行资本管制。笔者不想用恶俗的阴谋论来猜测这位央行行长，但是这样的货币政策显然是有利于日本的，因为中国经济要抵挡此次衰退，必须实行宽松的政策，这是趋势。但是如果实行宽松政策导致人民币贬值将对冲掉日本的宽松效果，日元贬值的效果就会大打折扣，这是黑田的私心。

但是你仔细再一想，黑田东彦的建议又是有道理的。日本实行宽松政策，日元贬值，但是可以不用资本管制，这是为什么？因为日本的庞大债务都是内债，政府的债权人都是国内的居民，他不用发愁资本外流。

而中国则不同，尽管表面上看，中国政府的债权人也是国内的居民，主要是境内的商业银行，但是这些商业银行的钱却主要是人民币持续升值多年形成的外汇占款。这些资金具有极大的不稳定性，一旦国内投资收益率下降，或者中外利差扩大，或者预期资本价格下跌，就可能出逃。这也是为什么最近央行在年末资金紧张的情况下，不敢降低存款准备金率的原因。因为这些存款准备金正是外汇占款，一旦放出去，就为资金流出埋下了隐患。

然而，目前中国实行资本管制却是一个下下之选，因为资本管制意味着在对外开放方面的一个倒退，资本管制损害的是未来政府的信用。十多年以来在资本项目开放方面的成果毁于一旦，而且资金不能自由流动，资源不能配置到最有效率的地方，中国企业"走出去"的步伐放缓，而政府的监管成本升高。这也是为什么俄罗斯此次在卢布大幅度贬值的情况下也没有实行资本管制的原因。

因此，不同的国情决定了不同的货币政策，有些专家用阴谋论解读黑田东彦的建议不是没有道理，但是思考得还不够透彻。

人民币稳定的基础是投资收益率

2016年2月中旬，央行行长周小川接受媒体专访，全面阐述了他对人民币汇率的观点，其中比较引人注目的一个观点是人民币不存在持续贬值的基础。周小川用以下两点来支撑他的观点。

一个是经常项目平衡，他说，如果深究一下理论和国际经验，和汇率最相关的经济基本面因素首先是经常项目平衡。2015年中国经常账户顺差仍很高，其中，货物贸易顺差5981亿美元，创历史新高。

经常项目顺差的确自2015年以来创新高，这是在经济下行的情况下出现，而且是在出口萎缩的前提下，但是这个顺差是出口减去进口得到的数据，主要是进口下降的原因，而进口的下降主要是因为国际大宗商品价格的大幅下跌。

如果我们认同国际大宗商品价格下跌是因为中国需求减弱的话，那我们就会对这个顺差的可持续性产生疑问。至少从这个逻辑上说，如果我们的经济增长了，大宗商品就会上涨，顺差就会减少，汇率反而就会下跌；而经济减速了，大宗商品就会下跌，顺差就会增加，汇率反而就会上涨。这种逻辑能够成立到什么时候，笔者目前想不清楚。

周小川认为，影响汇率的另一个基本面因素是实际有效汇率的变化，即通货膨胀的相对变化。美、日、欧的通胀目标是2%。中国2015年末居民消费价格指数（CPI）是1.4%，对中国而言是比较低的通货膨胀。低通胀有利于币值稳定。

CPI下跌的重要原因是经济的下行，也就是说，经济下行导致了币值坚挺，这个逻辑也不知道能持续多久。

当然作为一个货币专家，周行长没有忘记说，本币汇率更多地与本国的竞争力及经济健康度有关。

本国的竞争力，笔者宁愿看作资产收益率，也就是在世界流动性充裕、资金脱离实体、虚拟经济打转的背景下，资金大量在国际金融市场进出的情况下，在汇率作为一种资产价格的情况下，一个国家货币的资产收益率、投资收益率，才是汇率的基石。作为一种资产的价格，更加指向的是未来的收益率的话，那么目前的货物顺差和通货膨胀，都绝对不足以成为汇率稳定的基础。

第八章 死守汇率还是保护外汇储备

A股从牛转熊诉说的是汇率的故事

2016年开年A股彻底进入熊市，成交量低迷，人气涣散，任何概念都没有新意，并且在机构投资者中形成恶性循环，如私募的清盘潮，公募的赎回潮，保险资金的兑付潮等都在这个时候涌现，让羸弱的A股雪上加霜。

许多股民都不明白到底是怎么回事，相较于2014年出现一波大牛市的行情，2016年没有什么变化，经济还是处在通缩中，经济还在下滑，央行的宽松政策未变，美国经济在复苏，欧、日经济仍然疲软，照旧还在加码宽松放水。但是2014年酝酿了一波大牛市，直到2015年的救市，但是到了2016年股市就是连续的暴跌，没有任何利好可以提振市场人气。

回顾这两年的市场，其实最大的变数还是有的，只不过许多不专业的投资者不是很关注，那就是人民币汇率。这中间最重要的是美元的升值，而起决定作用的是美联储的加息，美国经济的复苏，物价和就业的上涨，引发美国终止量化宽松，并在2015年末正式加息。尽管加息很晚，但是市场预期却对金融市场早就发生了影响。2014年美元开始大幅升值，而这个时候，央行非但没有让人民币适度贬值，还跟着美元升值，并且有时候升值幅度更甚，但是却在内部大肆放水，2015年多次降息和降准。

这种货币政策对市场造成什么结果呢？对于中国这样的大

| 货币风暴

型经济体，不如小型经济体，其金融市场反应更加敏感。中国作为大型经济体，美元升值，对人民币造成贬值压力，但是人民币照样升值，外界不明就里，资金仍然追逐人民币资产，而同时央行又在内部大肆放水，这导致资产价格大幅升高，所以2014年与2015年的场景是房地产和股市双双高攀。

尤其是股市，由于前期处于常年的熊市，所以2014年的爆发动量极大。正是央行的内部宽松政策，使外部汇率升值成为A股上涨的基础，再加上经济下行压力加大，政府希望通过股市的上涨为实体经济融资，解决商业银行的坏账负担过大的问题，于是A股在2014年猛涨。

正是在A股大牛市的时候，境外市场发生变化，美国经济复苏，美联储停止量化宽松。于是美元开始大幅上涨，人民币跟涨，但是境内的金融市场一致预期央行将继续宽松，利率还将持续下行。但是先知先觉的资金已经开始撤退，加上监管层清查配资，A股于是上演一轮暴跌。不过这轮暴跌被央行在宽松政策和证监会的救市中给截住了，A股跌到2850点左右开始反弹，最高到3600点左右。

这个市场最大的变化仍然是汇率，央行在外汇市场上事实上已经稳不住汇率了。也就是说如果继续维持人民币跟随美元上涨，将会消耗大量的外汇储备，而且出口的下降以及过剩的产能都将对已经极端疲软的经济产生巨大的压力。只有人民币贬值才是解决这些问题的突破口。

于是，2015年8月11日央行实施人民币一次性贬值，这次贬值打破了整个市场关于央行将维持人民币汇率稳定的预期。年末央行宣布脱钩美元，盯住"一篮子"货币，这事实上相当于宣布人民币贬值趋势确立，接着就是年初的一大波贬值，带

第八章 死守汇率还是保护外汇储备

动离岸市场更大幅度地贬值,最终波及港元和港股。

此次 A 股的暴跌,表面上看是经济的下行,本质上却是货币的运动。人民币汇率事实上就是在这两年到达它的顶部,然后掉头向下,资金外流,外汇占款减少,接着外汇储备减少,最后 A 股也就趴下了,继续其熊市之旅。

如此看来,A 股在 2014 年到 2015 年的短暂牛市,事实上只是其漫长熊市上的一次激情宣泄,一次春光乍泄而已。

因此你看年末影响 A 股的大事件,如万能险的冒险冲击,然后死得很惨,再如九鼎和中科招商在 A 股市场的激情布局,又如近期的票据事件,都只是这波汇率大演绎中荡漾出来的一些小浪花而已。许多神人在这波货币大运动中,都只是小丑而已。

软盯住美元的缓慢贬值?

2016 年 2 月中旬,周小川两次接受记者采访,系统阐述他对人民币汇率的观点,其中包括关于人民币 2015 年后半年为何启动两次贬值的解释,尤为引人注目。这个观点非常重要,一方面表明了周小川对目前人民币汇率的判断,也表明了人民币均衡汇率的关系。周小川还透露了未来在主要盯住"一篮子"货币的同时,还要管理对美元的短期波幅,并且还强调将引入宏观数据到人民币汇率形成机制中。

人民币汇率 2015 年为什么会贬值?按照周小川的解释,美元升值过快,而人民币基本未变,而欧、日货币则贬值比较大,这就导致了人民币相对于其他货币的贬值压力。表面上看,周

货币风暴

小川的解释跟普通人的理解一样，但是仔细一想就有问题。人民币相对其他货币升值过快，早已有之，为什么会选择在2015年8月开始贬值？也就是说，为了维持人民币对美元的稳定。至少在2015年前半年，央行必须以抛出美元的方式维持汇率稳定，这种汇率维稳的方式可能到了2015年8月，央行就开始顶不住了，因为外汇储备尽管庞大，但是也有自己的战略用途，不能让外汇储备牺牲过多，不能仅仅用来维持汇率稳定。那么8月的一次性贬值也只为了释放压力，退一步到下一个阶段再稳定。

央行目前设定的汇率形成机制是参考"一篮子"货币，不是盯住，还要对美元的短期波幅进行管理。这个做法类似于2005年的参考"一篮子"货币，当时规定了这样的汇率形成机制后，事实上根本就没有实行，只是一个口头上的说法。为什么会形成这种局面呢？因为美元仍然是世界上最关键的货币，是定价中枢，世界上大多数商品交易和金融交易都是以美元支付结算的，即使你跟欧洲和日本进行贸易，你的结算和支付也都是通过美元。那么要实行中国的外贸稳定，必然是对美元的稳定；要实行中国外贸的竞争力，必然是对美元的相对贬值。

未来，中国经济将持续下行。按照周小川对汇率的理解，汇率必然会跟着下行，在参考"一篮子"货币的同时，人民币汇率必然还会跟着美元下行。只不过这也是央行希望能控制的，其中就包括考虑宏观经济数据的因素。

因为未来很可能演变的情况是，人民币名义上参考"一篮子"货币，但事实上还是盯住美元，是软盯住美元的缓慢下台阶，更由于周小川已经把人民币国际化作为暂时放一放的项目，未来在资本管制政策不变的情况下，人民币对美元的持续软盯住的贬值就是大概率的事件，如每年贬值5%—3%。

第八章 死守汇率还是保护外汇储备

关门放水

2016年开年,人们担心政府将实行疾风骤雨式的去杠杆去库存,但是2.5亿元的天量新增贷款和14%以上的M2增速,最终使这一切都羞答答地收了起来。那么笔者预计的在国内宏观经济持续下行、产能过剩严重、国有大型企业困难重重、人民币汇率贬值预期加重的背景之下,人们担心的所谓去杠杆、去产能只是一个传说。因为无论未来如何美好,目前此路都不通。

去杠杆去库存指向的是让最底层的老百姓承担经济下行所导致的所有成本,这是极不公平的政策,也是对当前社会稳定构成最大威胁的政策选项,高层不会不明白。因为难,所以缓,同时我们手里还有一个法宝,就是关门放水。

关门放水事实上是唯一的出路,关门就是资本管制,放水就是货币信贷大宽松。目前事实上正在实行,不论是否有意,中国经济已经走上了这条道路。

我们先简单回顾一下,由于2015年人民币大幅贬值,引发大规模资金流出,外汇储备直线下降后导致政府实行对跨境资金的严厉监管。

中国人民银行分别于2015年8月底以及9月中旬对银行远期售汇以及人民币购售业务采取了宏观审慎管理措施,要求金融机构按其远期售汇(含期权和掉期)签约额的20%缴存外汇风险准备金,并提高了跨境人民币购售业务存在异常的个别银行购售平盘手续费率。2016年1月25日起,中国人民银行对境

| 货币风暴

外金融机构在境内金融机构存放执行正常存款准备金率。

2015年后半年,央行还加大了过去严控资金流出的一些监控方式。例如,境外同一个人不得在同日、隔日或连续多日将外汇汇给境内5个或5个以上不同账户,并以此规避个人向境内汇入外汇的限额管理规定。与此同时,5个或5个以上不同个人不得在同日、隔日或连续多日分别购汇后,将外汇汇给境外同一个人。这种方式事实上是过去几年资金流出的一个非常便捷的方式,这是在目前资本本就在严厉管制下的监管层实施了一个更加致命的武器。央行2015年还对境外银联支付卡的刷卡额度进行了一定的限制等。

2015年后半年外汇局对跨境资金的流动更加严厉,表现在:一是提高了监测频度,二是加强对客户交易的真实性和合规性审核。更为致命的是,2015年后半年由于人民币贬值的压力,公安机关和外汇管理部门联手对地下钱庄实施打击,端掉了几个大的窝点,这对地下钱庄具有强大的震慑性,也让意欲流出的资金无路可走。

事实上,由于通信电子技术的发达,央行支付结算基础设施的完备,资金流动已经完全精准地掌握在央行和公安机关手中。一般普通人除了5万美元的额度,让更多资金流出境内比登天都难。

除了大型民营企业的境外投资,私人资金很难去境外投资。这部分资金将去向哪里,将对未来中国经济的发展产生至为深远的影响。

只要资金流不出境内,也就是资本实行严格管制,按照"蒙代尔不可能三角"定理,则完全可以让汇率固定下来,并且令央行产生独立的货币政策。而在国内当下,就是央行和银行的

第八章 死守汇率还是保护外汇储备

货币信贷双宽松，这就是1月2.5万亿天量信贷的意义，也是在去产能的前提下，高层下发通知要金融支持工业发展的背景。

而事实上，就目前中国经济发展的前景和投资者的预期来看，即使这些货币形成了，信贷投放了，是否真正地去购买原料，购买股份，去真正做投资呢？这是要打个问号的，因为投资收益率太低，有可能许多资金仍然趴在账上，或者借新还旧，资金最终追逐了资产价格，如股市或者楼市。

一线大城市如上海楼市春节疯狂，就是在资本严格管制，而汇率有较强贬值预期下的自救行为。只有房地产是保值的，一切都是虚幻，于是大家都抓住房地产不放，而房地产目前又是政府拯救的。

对于资本严厉管制下的私人资本，未来只有股市和楼市是唯一的安全岛，所以再次等待资产泡沫的来临。

宏观调控正在踩钢丝，高层希望通过房地产的各种优惠政策，再加上信贷货币的宽松，让居民去购买房地产，从而实现去库存的压力，把企业的杠杆转移到居民身上；但是资金的去向没有遵循高层的意志，而是一窝蜂地涌向一线城市，将资产泡沫再次吹大，形成了更加危险的资产泡沫。

在中国，汇率和房地产是一体两面。一旦汇率维持稳定，房地产价格必然飙升，因为此前进来的资金出不去，而一旦汇率不稳定，房地产价格就会震荡，形成泡沫破裂。未来在人民币汇率的抉择上，高层如果维持目前的既定战略——死守汇率，不仅会导致外汇储备的减少，而且会进一步吹大房地产泡沫。这样的状况持续下去，将会对经济产生非常大的潜在危险。